Vollständige Taschenbuchausgabe 2008

Titelbild und Zeichnungen: Horst Kayling
Foto Rückseite: bildfolio
Textmitarbeit: Ursula Kayling
Lektorat: Robert Tschöpe, Petra Wegmann
Grafische Gestaltung: Verlag RegioKom GbR, Aschaffenburg
Layout und Produktion: Verlag RegioKom GbR, Aschaffenburg
Druck und Bindung: Druckerei C.H.Beck, Nördlingen
Printed in Germany

ISBN 978-3-00-025629-5

Über die Alpen
und zu anderen fernen Zielen

Verzicht nimmt nicht. Verzicht gibt.
Er gibt die unerschöpfliche Kraft des Einfachen.
(Martin Heidegger)

Inhalt Seite

Vorwort

Der Anstoß zu diesem Buch ist einem Komödianten zu verdanken, der in seinem Werk seine Wanderung über den Jacobsweg beschrieben hat. Ich lieh es mir von einem Mädchen, Christina, das es wiederum aus der Bücherei hatte. Christina wird später noch bei meinen Erlebnissen eine Rolle spielen. Ein Glück, dass ich das Buch für knapp 20 Euro nicht gekauft habe. Die Beschreibung eines Wegs von Hotel zu Hotel, Stilblüten inbegriffen, konnte mich nicht begeistern. Frisch auf! Versuchen wir es auch einmal.
Welche Beweggründe mich dazu brachten, allein über die Alpen zu wandern, will ich nicht vorwegnehmen. Sie sind als Episoden aus meiner Kinder- und Jugendzeit eingefügt, die meine Wesensart aufzeigen.
Heikel sind meine Schilderungen über Tabakkonsum, das Verdauungsgeschäft und den allabendlichen Appetit auf Schnitzel und Bier. Hütten haben keine seitenlange Speisekarte und brutzeln hauptsächlich das, was immer geht: Schnitzel. Warum aber etwas verschweigen, um mein Erscheinungsbild hinter einen glänzenden Firnis zu bringen? Nichts wurde verheimlicht, nichts hinzuphantasiert. Dieses Buch soll sein wie meine Aquarelle: detailliert und grundehrlich.
Ahnen Leser die Freude, die ich inmitten der herrlichen Alpenlandschaft erleben durfte, kann ich einige gar zu einem ähnlichen Wagnis ermutigen, zum Ausbruch aus dem Alltag, zu innerer Ruhe und zufriedenem Glück, hat das Buch seinen Zweck erfüllt.

Doppelter Anlauf

Es war nichts mit einer Grönland-Durchquerung.
Ein Fernsehbericht über diese Tour auf Langlauf-Skiern hatte mich dermaßen fasziniert, dass ich mich sofort per E-Mail zum nächsten Start meldete. Ich habe noch nie Langlauf gemacht, müsste es also lernen und trainieren. Trotzdem fieberte ich einer Antwort entgegen, Tage, Wochen. Das Fieber ging zurück, meine Begeisterung für die Insel kühlte ab.
Bis heute warte ich auf eine Antwort.
Doch mich hatte sie gepackt, die Lust, etwas Ungewöhnliches zu planen, anzugehen, zu erleben. Als Verstandesmensch einmal etwas Verrücktes tun, Dinge zu versuchen, die mir bisher unerreichbar schienen.
Eine Alpenüberquerung! Warum sollte es mir nicht möglich sein? Eine Zeitschriftennotiz brachte mich auf die Idee dieser Tour von München nach Venedig. Wer weiß, vielleicht war der Entschluss dazu der glücklichere, weil sie abwechslungsreicher war als der Weg übers Eis.
Mit Begeisterung bereite ich mich vor, hole mir sofort das Taschenbuch "Von München nach Venedig", mache eine Liste, damit ich nichts vergesse. Was notiere ich nicht alles im Übereifer meiner Planung? Banal, jetzt nachzulesen: "Haare, Bart, Fuß- und Fingernägel schneiden". Ich drucke am Computer Visitenkarten und eine Auswahl Telefonnummern und Adressen, die für mich wichtig werden können, notiere die Zeiten, in denen meine Frau Ursula nicht daheim und telefonisch nicht zu erreichen ist, prüfe den Stand unseres Girokontos, biege für meine "Waschmaschine", eine Fünf-Liter-Laborflasche, eine Drahtöse zum Anhängen an den Rucksack, kaufe 60 Diafilme, – und bekomme zunehmend Lampenfieber, baumele zwischen Vorfreude und Bangen. Da heißt es zum Beispiel an mehreren Stellen im Taschenbuch: "Anspruchsvolle Bergwanderung auf luftigen Steigen. Trittsicherheit und Schwindelfreiheit erforderlich". Meine liebe Frau sieht mich schon einsam und hilflos mit unzähligen Knochenbrüchen in einer Felswand hängend verhungern, verdursten, erfrieren. Unsere Wanderungen mit dem Spessartbund sind doch dagegen lustige kleine

Spaziergänge. Wir joggen alle zwei bis drei Tage, reicht das aber, um für die langen Kraxeleien mit Rucksack die nötige Kondition aufzubauen? Auf der einen Seite den Berg hoch, zur anderen wieder hinunter?
Wann sind die Feiertage in Österreich und Italien, was ist da unten mit meiner Krankenversicherung, was mit meinem Funktelefon, wie viel Bargeld ist notwendig außer der Kreditkarte, wo kann man Wasserflaschen füllen? Fragen über Fragen. Die Unsicherheiten belasten mich, obwohl teilweise selbst geschaffen, denn ich will frei sein von Hütten und Hotels. Aber wie ist das Schlafen irgendwo im Wald oder auf der Almwiese? An jeder Hütte hängt in meiner Angstvorstellung ein großes Schild: Übernachten im Freien verboten! So wie an den Wasserhähnen in den Toiletten: Kein Trinkwasser! Das letzte Mal habe ich mit dem unbekümmerten Mut eines 19-Jährigen am Strand der Ostsee unter der schrägen Wand eines gesprengten Bunkers genächtigt. Das liegt ein halbes Menschenleben zurück. In ehrgeiziger Askese versuchte ich damals, von einer DM am Tag zu leben, mich auf Milch und Haferflocken zu beschränken, obwohl genügend Bares im Geldbeutel war. Aber ganz so hart sollte es diesmal nicht werden.
Nun kommt bald der Punkt in meinem Zeitplan, den man den "point of no return" nennt, wo man nicht mehr zurück kann. Unten im Ort treffe ich am Rathaus unsere Gitarren-Schülerin Christina mit ihrer Freundin und lasse stolz bei den hübschen Teenies eine Bemerkung zu meinem Plan fallen. "Brems dich!" werfe ich mir anschließend vor, "gib nicht an wie fünf Sack Wind, vielleicht bist du nach wenigen Tagen wieder daheim."
Schon am 3. Juni kaufe ich am Schalter die Fahrkarte für den 12., um den in der Werbung oft gepriesenen Frühbucher-Rabatt zu nutzen. Pustekuchen! Was auf den Plakaten nicht steht: 40% Rabatt gibt es nur am Wochenende und nur für eine Rückfahrkarte, in meinem Fall sind es magere 10%. Auch auf meine Frage nach anderen Vergünstigungen kein Hinweis auf das Bayern Ticket, das mir fast 200 Euro gespart hätte, wie ich später nachrechnete. Es war schon immer etwas teurer, an die Bundesbahn zu geraten. Wie war noch der Werbespruch? "Früher hätte nicht einmal Einstein unsere Preise kapiert. Bald versteht sie jedes Kind." Die Leute hinterm Schalter

sind noch nicht so weit.
Ich kontrolliere Ursulas Fahrrad, tanke für sie unseren VW-Bus voll. Ihr ist mein Vorhaben zu abenteuerlich, außerdem ist sie nicht schwindelfrei. Sie bleibt daheim, lässt mich aber großzügig ziehen. Sie weiß, dass ich meinen Plan, einmal in meinem Westfalenschädel, unbedingt wahr machen möchte.
Lange hatte sie gehofft, dass ich mein Vorhaben aufgebe. Immer wenn ich mal über mehrere Tage nicht von meinen Vorbereitungen sprach, war sie voller Hoffnung, dass sich die Absturzgefahr auf die Stehleiter daheim beschränken würde.
6. Juni: Rucksack gepackt. Wie üblich, ist er für die geplante Ausrüstung zu klein und wird zu schwer. Ich muss den zweiten Poncho, der mir einen primitiven Zeltbau ermöglicht hätte, das Taschenfernglas und die geliebte Erdnussbutter, obwohl im leichten Plastikbecher, daheim lassen.
Trotzdem, der Rucksack bringt mit Isolierdecke, Luftmatratze, Schlafsack, einmal Wäsche zum Wechseln mit einer Tube Waschmittel und dem notwendigen Kleinkram 15 kg auf die Waage. Rätselhaft, wie so ein paar Sachen sich zu 15 kg summieren. Aber die 3 kg schwere Fototasche muss auch noch mit. Sind 18 kg über mehrere Wochen bergauf bergab im wahrsten Sinn des Wortes tragbar? Im Wanderführer ist als Maximum für Männer 13 kg angegeben. Meine Knochen sind 63 Jahre alt, Barthaare grau, Kopfhaare fast zählbar, umso mehr Krampfadern. Mein Body-Mass-Index schwankt um 28, drei Punkte über der Idealgrenze. Meine Marathonläufe liegen fast zwei Jahrzehnte zurück. Beruhigend ist aber mein Vorsatz, bei Widrigkeiten jederzeit umzukehren.
Am nächsten Tag müssen meine Wanderschuhe gefettet werden. Das hätte ich mir denken können, auf den letzten Drücker zeigt sich, dass an den Fersen die Sohlen abgelaufen und etwas abgelöst sind. Da wäre zwar noch ein anderes Paar, mit 1,2 kg sogar 400 Gramm leichter, aber der Schaft ist vier cm kürzer. Zum Glück gibt es im Nachbarort noch einen der rar gewordenen Schuhmacher. Es ist Samstag, aber bis 13 Uhr hat er geöffnet. Profilsohlen in Größe 45, wie kann es anders sein, sind nicht da, können erst am Dienstag bestellt werden, weil Montag der zweite Pfingstfeiertag ist. Ob die Reparatur bis zum 11. abends klappt, kann er mir nicht versprechen.

Es wird verflixt eng, die Fahrkarte gilt doch schon für Donnerstag, den 12.!
Amüsant, wie ich zu diesen Wanderschuhen gekommen bin. Sie stammen aus dem Nachlass eines psychisch nicht ganz gesunden Mieters, der im Verfolgungswahn Hals über Kopf unser Häuschen im Spessart verlassen hat und den größten Teil seiner Habe zurück ließ. Zufällig hatte er meine Schuhgröße. Obwohl von einer bekannten Marke, zerfetzte nach einigen Märschen das Fersenfutter, eine Kunststoffhaut. Ich riss sie ganz heraus, schnitt Leder zurecht und klebte es mit Kontaktkleber ein. Bis heute hat es gehalten und sich bewährt.
Aber nichts hält ewig. "Alles fließt", sagte Aristoteles. Jetzt waren die Sohlen dran.
Der Schuster schaffte die Reparatur rechtzeitig zum Mittwochabend, obwohl die Klebung 24 Stunden aushärten musste.
Die ebene Strecke ab München am Isarufer will ich mir sparen. Deshalb die Fahrt mit der Bahn über München nach Lenggries. Als Start hatte ich aufgrund der Bahnpläne zunächst Wolfratshausen im Visier. Aber auch Bad Tölz hat einen Bahnhof, doch ist der von Lenggries am dichtesten an den Alpen. Auch das flache Ende vor Venedig will ich weg lassen und von Belluno heimfahren, das im Taschenbuch als Bahnstation erwähnt wird. Sicher macht es mehr her, die Metropolen München und Venedig als Start und Ziel angeben zu können, aber auf Werbewirkung lege ich keinen Wert.
Noch einmal gibt es Aufregung am letzten Tag, dem Mittwoch, als bei einem Mobiltelefon-Anruf beim Schuster eine freundliche Frauenstimme verrät, dass die Telefongesellschaft technische Probleme hat. Für einige Tage bekomme ich eine andere Telefonnummer und aus Kulanz ein Guthaben von 10 Euro. Dass so etwas immer im letzten Moment passieren muss!
Donnerstag, der zwölfte Juni anno zweitausendunddrei, jetzt bin ich gefordert. Das Abenteuer beginnt. Der Wecker bimmelt kurz vor vier in noch dunkler Nacht. Ursula macht Kaffee. Ich bringe nur eine Scheibe Knäckebrot hinunter, erstens weil ich gestern Abend beim Abschiedsessen zu viel Geschnetzeltes mit Kartoffelbrei verschlungen habe, zweitens weil ich aufgeregt bin wie ein Fahrschüler vor der Prüfung.

Die letzten Dinge werden in den Rucksack gestopft, der schon im Flur bereit steht, unter anderem drei Dosen Bier zu je 0,5 Liter. Wie soll ich denn ohne mein Beruhigungsmittel die erste Nacht überstehen? Wer weiß, vielleicht liegt mein müdes Haupt an diesem Abend schon am Isarufer, in einem Kuhstall oder in der unheimlichen Düsternis eines Waldes. Diese Ungewissheit macht mir Magenzwicken. Andererseits ist mir klar, dass ich doch dieses Abenteuer suche. Also Kopf hoch, auf nach Aschaffenburg, Frauchen noch einmal umarmt und rein ins Bahnabteil!
Der Zug rauscht durch den sonnigen Spessart – Gibt es noch ein Zurück? – Würzburg – Fahrschein! Fahrschein? In der Brusttasche – Nürnberg – Habe ich nichts vergessen? – Neumarkt – Was habe ich mir da eingebrockt? – Regensburg – Ich könnte aussteigen und mit der nächsten Bahn zurück – Landshut – Ich bin allein, seit langem ohne Ursula – München – Raus aus der Bahn – Ein kleiner Trost: Es ist immer noch sonnig.
In München hat der Zug gerade so viel Verspätung, dass nur noch die Rücklichter der Bayerischen Oberlandbahn nach Lenggries zu sehen sind. In der Wartezeit der erste übermütige Funkspruch an Ursula: "Ätsch, ich bin schon in München!" Es bleibt noch Zeit für eine Lampenfieber-Zigarette. Inzwischen kann ich ungeniert zugeben, dass ich damals noch rauchte, bei Stress zwei oder drei am Tag, sonst nur jeden Abend eine filterlose Selbstgedrehte vor der Haustür, niemals im Haus, was Ursula auch nicht gern gesehen, und noch weniger gern gerochen hätte. Was mich reizte und befriedigte war weniger der Geschmack als dieses Ritual des Fabrizierens mit dem Maschinchen, des Entzündens und des Nuckelns am Glimmstängel. Da mag ein nichtrauchender Wanderer den Kopf schütteln, das Drehmaschinchen, Zigarettenpapier und ein Vorrat "Schwarzer Krauser Nr. 1" sind im Rucksack.
Die letzte rauchte ich im Januar 2006. Ich schaffte es, die letzte volle Tabakpackung und das letzte Briefchen Zigarettenpapier nicht mehr anzubrechen und stattdessen zu verschenken. Ursula war erleichtert, dass der eklige Duft verschmorten Tabaks allmählich aus Kleidung und Bettwäsche verschwand.
Diese Privatbahn, die Oberlandbahn, kuppelt in München geschickt die Waggons nach Lenggries, Tegernsee und Bayrischzell zusam-

men. Unterwegs werden sie getrennt. Man muss also rechtzeitig umsteigen oder schon anfangs im richtigen Waggon sitzen. Eine ältere Dame klärt mich auf, dass ich in den mittleren einsteigen sollte.
Die Bahn zuckelt durch flache Wälder, bis bei Bad Tölz zu meiner Rechten die ersten Berge auftauchen, noch ohne Schneehaube, die nördlichsten Ausläufer, die ersten Vorboten einer aufgetürmten, zerfurchten, spitzen- und nadelbewehrten Erdkruste, die ich winziges Würmchen in frecher Dreistigkeit bis nach Italien durchqueren will. Welch ein Anspruch, welch eine Anmaßung!
Kurz vor 12 ist in Lenggries Endstation. High Noon, es wird ernst, ich sollte starten. Was mache ich stattdessen? Setze mich schüchtern auf eine Bank, binde langsam, wie in Zeitlupe, die Teleskop-Wanderstöcke vom Rucksack und ziehe sie auseinander, sehe zum Brauneck hoch, wo Gleitschirme in heißer Luft kreisen. Da soll ich hoch? Es sind Gewitter vorhergesagt. Wäre da nicht eine Nacht im Hotel anzuraten? Ich frage einen jungen Mann, was er zu den Wetteraussichten meint. Gewitter, verrät er, werden schon seit einigen Tagen immer wieder angesagt, ohne dass es kracht. Also warum noch warten? Nur Mut, keine Ausreden! Los!
Meine Windjacke, bei dieser Hitze nicht mehr nötig, schnalle ich auf den Rucksack, schultere ihn, indem ich das schwere Ding auf die Bank stelle und mich davor setze. Ohne diesen Trick geht´s nicht. Vom Boden könnte man den Rucksack nicht auf den Rücken wuchten. Ein Tisch hätte eine noch bessere Höhe.
Erst eine Apothekenzeitschrift zeigt mir später wie es geht, indem man niederkniet, ein Knie auf dem Boden, das andere winklig aufgestellt, dann den Rucksack auf das angewinkelte Knie stellt und durch einen Schultergurt greift.
Nun noch den Bauchgurt ordentlich festgezogen, drückt das Gewicht weniger auf die Schultern als auf die Hüften, es wird erträglicher.
Mit ein bisschen Stolz mache ich die ersten Schritte an einem Taxi vorbei. “Ich brauche dich nicht. Auf alle diese technischen Krücken der Fortbewegung werde ich verzichten und mich so bewegen wie der Mensch seit drei Millionen Jahren, aufrecht auf zwei Füßen.”
Doch zum Brauneck hoch gibt es eine verführerische Seilbahn. Nun

gut, das ist mal eine Ausnahme. Noch vor der Isarbrücke entdecke ich eine Telefonzelle. Noch einmal melde ich Ursula, dass bisher alles gut ging, dass es jetzt ernst wird.
Am anderen Ufer geht die Straße ein Stück aufwärts. Zum ersten Mal aufwärts! Irgendwann ist immer das erste Mal, die ersten Schritte, die erste Steigung, ich werde es packen! Eins nach dem anderen! Die ersten Bächlein Schweiß rinnen.
Verflixt! Ich habe vergessen, am Bahnhof die Wasserflaschen zu füllen und meinen Bauch vollaufen zu lassen. Noch einmal zurück? Vielleicht gibt es an der Seilbahn Wasser. Wasser ist wichtig, fast so wichtig wie Bier.
Ich komme an einem Wohnhaus vorbei, wo im Hof an einem Hahn ein langer Schlauch hängt. Einfach aufdrehen? Nein, so frech kann ich immer noch sein, wenn sich beim Klingeln an der Haustür niemand meldet. Es kommt aber ein uriger Bauer heraus, der mir außer dem Wasser noch anbietet, mich zur Seilbahn-Talstation zu fahren, als er von meinem ehrgeizigen Plan erfährt. Jetzt schon soll ich meine Prinzipien über Bord werfen? Da könnte ich doch gleich bequem von Frankfurt nach Rom fliegen, um die Alpen zu überqueren. Ich lehne dankend ab und mache mich an den Wasserschlauch. Lange muss ich es laufen lassen und den Hof fast unter Wasser setzen, bis das von der Sonne aufgeheizte heraus ist und kühles nachkommt.
Ich trinke, bis nichts mehr hinein geht, mache eine kurze Pause und trinke wieder und dann noch einmal.
Zwei Wasserflaschen sind im Rucksack, beide Plastik, so genanntes PET. Mit der kleinen zu 0,5 Liter kann man noch an Hähnen zapfen, die dicht über dem Becken sitzen, als auch im Freien an schwachen Rinnsalen schöpfen. Die 1,5-Liter-Flasche brachte daheim nur 40 Gramm auf die Waage. Was soll da eine teure und schwerere Aluminiumflasche, die immer irgendwann nicht mehr die schönste ist, wenn sie ihre Dellen bekommt.
Die Seilbahn schaukelt mich hoch zum Brauneck. Weit unter mir steigen Wanderer hoch. “Schäm dich! Die machen es richtig!” Bin ich nicht doch ein halber Frankfurt-Rom-Flieger?
Hier in der Gondel gäbe es doch die ersten Fotomotive. Das mir so was immer zu spät einfällt! Denn bis die Kameras heraus gefum-

melt, Entfernung und Blende eingestellt sind, rumpelt die Kabine schon oben an den Bahnsteig. Nun müsste ich begründen, warum insgesamt drei Kameras dabei sind, müsste die Technik der 3D-Dias erläutern. Ich hole es an späterer Stelle nach.

“Servus Spezi, ganga ma ohni Stecka weita?” Da wären doch fast meine Wanderstöcke wieder hinunter gefahren. Ein Glück, dass die Wartungsleute aufmerksam in die Gondeln sehen.

Stöcke sind für Langstrecken-Wanderer unverzichtbar. “Mit ihnen wird ein Zwei- zum Vierbeiner”, sagt Reinhold Messner treffend. Deutlich merkt man die Entlastung nach mehreren Stunden, wenn man sich mit den Armen bergauf ziehen oder bergab stützen oder auch nur die Balance halten kann.

In Versuchung, den Gleitschirmfliegern am weiter oben gelegenen Startplatz zuzusehen, fehlt mir irgendwie die Ruhe. Ungeduldig will ich nun meine erste Strecke schaffen. Wege nach Westen Richtung Benediktenwand gibt es genug. Die Hänge sind kaum bewaldet, bedeckt mit saftigem Grün, gelben und roten Blüten. Im Süden und Südwesten der Alpenkamm mit schneegeschmückten Gipfeln, die weit entfernt noch zart und harmlos aussehen. Sie werden mich vermutlich noch auf eine harte Probe stellen.

In einem weiteren Wanderführer, den ich daheim gelassen habe, “Traumpfad München-Venedig”, wird gewarnt, dass Bergerfahrung Voraussetzung sei, im Bildband “Zu Fuß über die Alpen” wird sogar Hochgebirgserfahrung, Ausdauer, Trittsicherheit und Schwindelfreiheit erwähnt. Schüchtern ziehe ich den Kopf ein, weil wir nur einmal im vorigen Jahr in den Alpen relativ harmlose Wanderungen gemacht haben. Ein einziges Mal ging ich allein etwas höher hinauf zum Hohen Göll bei Berchtesgaden, kehrte aber auf halbem Weg um, weil es schon zu spät war, muss jedoch auch zugeben, dass ich mich an dieser steilen und luftigen Stelle nicht um ein Felseck traute. Nun denn, wie bereits gesagt, ist auch bei dieser Tour Umkehren jederzeit möglich.

Wir hatten damals eine große Dachgeschoss-Ferienwohnung in Ramsau, zufällig im Haus von Eugenie Buhl, eine bescheidene, agile, drahtige Frau, Witwe des 1957 mit 33 Jahren im Himalaja abgestürzten Hermann Buhl.

1957 liegt weit zurück, ich kann mich nicht an die Nachricht über den Absturz erinnern. Was war vor einem halben Jahrhundert, was habe ich getrieben? Ich war 17, ging zur Realschule und bereitete mich mit drei Klassenkameraden auf eine Radfahrt nach Schweden vor. In Kopenhagen trennte ich mich einvernehmlich von ihnen und fuhr allein weiter, weil sie mehr Kilometer strampeln wollten als auf Land und Leute zu achten. So fuhren sie nur kurz über die norwegische Grenze. Ich ließ es dagegen ruhig angehen, radelte kreuz und quer bis Südschweden, kam deshalb nach den Sommerferien zwei Tage zu spät zur Schule. Mein flaumiger Sechs-Wochen-Bart wurde vom Klassenlehrer zunächst nur abfällig kommentiert. Als ich ihn aber vor der ganzen Klasse fragte, was er denn dagegen hätte, schickte er mich auf der Stelle zum Rasieren nach Hause.

Ob ich von meiner Schwedentour Ansichtskarten in die Heimat geschickt habe, weiß ich nicht mehr, raffte mich aber einmal zu einem ausführlichen Brief auf. Um möglichst viel bei möglichst geringem Porto zu notieren, schrieb ich den ganzen Brief in Stenografie. Mutti war sehr enttäuscht, als sie morgens ungeduldig den Brief aufriss, ihn nicht lesen konnte und warten musste, bis Vater abends vom Büro kam.

Auch damals schrieb ich als Abschlussarbeit der Schule einen Bericht über die Schwedenfahrt, tippte die 109 Seiten noch in eine alte mechanische Schreibmaschine, wobei mir mein Vater eifrig half. Und auch damals – welche Parallele vor 50 Jahren – schmückte ich den Text mit Zeichnungen, Aquarellen, fügte Karten an.

Unser Geografielehrer Brandt, das Fach hieß damals noch Erdkunde, war beliebt und bekam trotzdem, wohl nur wegen seiner überragenden Statur, den wenig schmeichelhaften Spitznamen "Boxer". Boxer machte mit mir einen Handel. Er benotete erst meine Arbeit mit "sehr gut", nachdem ich ihm Repliken der Aquarelle abgeliefert hatte. Und zum dritten Mal musste ich sie pinseln, weil auch meine Eltern sie gern an der Wand hatten.

Schon als Schüler zeigte sich, dass meine Hirnwindungen mehr für das Schreiben als das Reden ausgelegt sind. Rief mich unser Lehrer auf, das Fernsehspiel des vorigen Abends zu kommentieren, war nur ein hilfloses Stottern zu hören. Meine Aufsätze dagegen waren gut, aber kurz. Wenn Mitschüler ihre Stifte seitenlang übers Papier sausen ließen, saß ich gelangweilt vor ein paar Zeilen. In wenigen

Sätzen hatte ich alles notiert. Wiederholungen waren für mich überflüssig. Diese Konzentration auf das Wesentliche ging so weit, dass ich als Kind den Holzmantel meiner Bleistifte abschnitzte und nur mit der Mine zeichnete.

Schreiben ist doch ein herrliches Hobby! Der Computer erleichtert es heute erheblich, verführt geradezu. Korrigieren, Textteile verschieben, Synonyme finden, auf Rechtschreibung achten, speichern und ordnen, ein trainierendes Spiel der Gehirnzellen und kreatives Steckenpferd, das man auch noch als Älterer oder Gebrechlicher reiten kann. Könnte ich drei Dinge auf eine Insel mitnehmen, wären es mangels Netzstrom Papier, Stift und Radiergummi.

Meine Mutter ertrug unsere Abenteuerlust mit Sorge und hätte mich und meinen Bruder lieber daheim behütet. Vater sah dagegen mehr die Vorteile des Kontakts zu anderen Ländern und Menschen als die Nachteile eines möglichen Unglücks und ermunterte uns sogar, mit Freunden auf Tour zu gehen. Ich hatte erst nur Papas Vorkriegs-Fahrrad, schwer, stabil, schwarz lackiert, wollte aber doch so ein modernes Sportrad, wie es meine Freunde schon lange fuhren. Also verdiente ich mit ungefähr 15 als Ferienarbeiter mein erstes Geld. Mutter erfuhr bei irgendeinem Amt, dass ein Getränkevertrieb einen rüstigen Rentner als Beifahrer suchte. Typisch das Treffen zwischen mir unbedarftem Schüler und einer abgebrühten Geschäftsfrau. Beim Vorstellungsgespräch fragte sie mich, wie viel ich denn pro Stunde verdienen wolle. Nicht weniger als eine Mark meine schüchterne Antwort, weil andere Schüler schon mehr verdienten. Sofort hakte sie ein, jawohl, eine Mark! Sie war sauer verdient.

Die Fahrten über Land waren noch erträglich, weil ich zwischen der Kistenschlepperei im Fahrerhaus ausruhen konnte. Die Stadttour aber war furchtbar. Frühmorgens die schweren Kisten mit den liegend gestapelten Wasserflaschen auf die Ladefläche hoch stemmen. Nach ein paar Metern Fahrt Kisten herunter wuchten und schmale Kellertreppen hinunter. Zurück im Geschäft das gleiche Spiel von vorn. Ich konnte so viel Limonade trinken wie ich wollte, bei dieser Tortur stand mir nie der Sinn danach. Oft kam ich mit zitternden Knien nach Hause.

Vom ersten selbstverdienten Geld, mein Vater legte etwas dazu,

kaufte ich mir ein Sportrad mit Dreigang-Nabenschaltung. Nun hatte ich zwei Räder, das alte, schwarze als Alltagsrad und mein neues für sonntags.
Mein Bruder war schon etwas fortschrittlicher und knatterte auf einer "NSU Quickly" durchs Land, einem der ersten Mopeds, die damals auf den Markt kamen.
Das neue Rad fuhr ich oft und lang, zum Beispiel nach Schweden und später täglich bei trockenem Wetter 17 km von Karlsruhe zum Kernforschungszentrum bei Linkenheim. Es war mein meistbenutztes Fahrzeug, bis ich nicht umhin kam, das trotz ständiger Schmierung total zerschlissene Tretlager auszuwechseln. Die Achse klapperte einige Millimeter im Gehäuse, die Kugellager waren nicht mehr nachzustellen. Ich fand aber im Gebüsch ein Fahrradgerippe mit gleichem Tretlager, noch wie neu, das ich in mein Rad einbaute. So profitiert man von der Wegwerf-Gesellschaft!
Das Neue und sein eifriger Pedalritter blieben sich mehr als dreißig Jahre treu, bis es als milde Gabe nach Rumänien ging. Die Trennung fiel mir nicht leicht, hatte ich es doch gepflegt, auch einmal lackiert und technisch stets auf den neuesten Stand gebracht. Einziger Nachteil war die geringe Übersetzung der Dreigang-Nabe. Auch 1959, bei der schon erwähnten Fahrt an die Ostsee, hätte ich das Sportrad nehmen können, wollte das wertvolle Stück aber schonen und fuhr mit Papas altem Stahlross. Nachdem nachts an der Küste unter der Bunkerwand viele Schnaken mein Gesicht zerstochen hatten, setzte ich eine Taucherbrille ohne Glas auf und zog ein Hemd darüber. Es half. Ha! Welch eine Erfindungsgabe!
Als Kind wusste ich noch nicht an Taucherbrille und Schwimmflossen zu kommen, war aber schon begeistert von Hans Hass und seinem Buch "Unter Korallen und Haien". Was tun, wenn man trotzdem zu Teichen und Flüssen auf Unterwasser-Expedition gehen will? Mit Muttis Schere schnitt ich die Wand einer Konservendose nach meiner Gesichtskontur zurecht, bördelte den Rand sorgfältig um, damit er nicht in die Haut piekst, und schnitt auch den Dosenboden aus. Woher aber das Glas nehmen? Irgendwann suchte unsere liebe Küchenfee vergeblich nach einer glasklaren Plastikschüssel, weil der ausgesägte Schüsselboden in

meine Taucherbrille eingeklebt war. Als Ersatz für die Schwimmflossen kam mir eine Lösung für die vorderen Gliedmaßen. Ich nähte Handschuhe für die gespreizten Hände mit Schwimmhäuten zwischen den Fingern. Doch es kam nur zu wenigen Expeditionen, weil Mutti wegen meines kindlichen Alters den Forscherdrang bremste.

Damals als Jugendlicher an der Ostsee trieb mein Ehrgeiz sonderbare Blüten. So wie von einer Mark am Tag zu leben, versuchte ich auf dem Rückweg in 24 Stunden 300 Kilometer zu fahren, gab es aber im Laufe der Nacht auf. Aber etwas Merkwürdiges ist mir noch in Erinnerung.

Nach dieser Nachtfahrt fuhr ich früh morgens in der Gegend um Bielefeld an hohen Sträuchern vorbei. Da hing oben an einem Zweig, soeben noch zu erreichen, eine Teewurst, nicht angebrochen, die Pelle unverletzt. Ich nahm sie mit, kaufte im nächsten Ort Brötchen dazu. Es war ein Frühstück, wie man es sich nach den asketischen Tagen am Strand kaum kulinarischer vorstellen kann.

Noch heute ist mir rätselhaft, wie die Teewurst an den Zweig kam. 1983 fuhr ich noch einmal mit Ursula nach Heiligenhafen, um mit ihr mein abenteuerliches Quartier am alten Platz aufzusuchen. Der gesprengte Bunker war aber inzwischen unter einem Gestrüpp wilder Rosen verborgen.

Das andere Ende Deutschlands, die Alpenregion, war mir zu dieser Zeit noch fremd. Im Erdkundeunterricht war sie nur beiläufig gestreift worden. Doch schon als Kind hatte ich etwas von Erosion gehört und mir vorgestellt, dass irgendwann in ferner Zukunft, wenn alle Berge verwittert und herunter gespült wären, die Erde topfeben sein müsste. Später lernte ich, dass wir heute noch die Geburt und das Wachsen der Berge erleben. Maßstäblich kann man unsere Erde mit einem rohen Ei vergleichen, Eiweiß und Eigelb entsprechen dem glutflüssigen Gestein und Metall unter uns, die Schale der erkalteten Erdkruste, auf der wir herum spazieren. Nur ist unsere Situation noch dramatischer als beim Ei, weil unsere Schale in Bruchstücken auf dem Eiweiß schwimmt, die wie Eisplatten auf dem Fluss über- und unter- und gegeneinander geschoben werden. Durch dieses Gegeneinander-Drücken zweier Platten wurden und werden die Alpen aufgetürmt und wachsen

immer noch etwa drei Millimeter pro Jahr.
Zurück von der Plattentektonik zur Alpentour. Auch mich drückt etwas, nämlich das untere waagrechte Rohr des Aluminium-Rucksackgestells, das meinem Kreuz deutlich macht, wie viele Kilogramm durch die Landschaft schaukeln. Das muss ich bei Gelegenheit mit einem umwickelten Wäschestück polstern, denke ich noch, sehe aber bei einer Rast, dass man den Stützgurt mit einer Spannmutter fester ziehen kann. Es gibt also doch für jedes Problem eine Lösung. Die Klipse meiner Hosenträger zum Beispiel reißen beim Ab- und Aufsetzen des Rucksacks immer wieder auf. Lösung: T-Shirt nicht unter sondern über den Hosenträgern. Ich finde sie sehr praktisch, weil man nicht den Bauch einschnüren muss, um der Hose Halt zu geben. Trotzdem fehlt mir ein Gürtel. Lösung: eine meiner Leinen zum Aufspannen des Ponchos.
Am Hang zur Latschenkopf-Hütte geht es zunächst durch ein sumpfiges Gelände mit Wasserlöchern, dann ein paar Schritte weiter vorbei an einem Skilift zur Hütte, unbewohnt und verschlossen. Dahinter etwas erhöht eine einladende Mulde unter langen Zweigen einer Fichte.

Das erste Quartier im Eingang der Latschenkopf-Hütte

Das ist der ideale Schlafplatz, zumal noch, falls es regnen sollte, der Eingang der Hütte zur Verfügung steht, etwa 3,5 Meter tief unter einem Kupferdach.
Ein einsames Thermometer zeigt mir, als einzigem Wesen weit und breit, 27 Grad.
Es stellt sich das nächste Problem, ein Problem, das zunächst lächerlich klein erscheint, mich aber in die Knie zwingen wird. Es ist erst 15 Uhr 30!
Was tun in den sechs Stunden bis zum Dunkelwerden? Weiter laufen? Laut Wanderführer habe ich ab Seilbahn erst drei Kilometer geschafft, will aber auch diesen Ort nicht verlassen, der mir als Quartier so sicher und perfekt scheint. Ich kann doch nicht sechs Stunden im Kreis um die Hütte laufen!
Ich bleibe, mache es mir in der Mulde gemütlich, gönne mir einen Schluck aus der Schnapsflasche und eine Selbstgedrehte. Hoppla, ist der Kerl nicht nur Raucher sondern auch Alkoholiker? Gemach! Es ist ein winziges Plastikfläschchen, das ich daheim mit Kräuterbitter gefüllt habe.
Das Bier fällt mir ein und die Pfützen auf dem Weg hierher. Ohne Rucksack aber mit Handtuch gehe ich zurück, mache es nass und umwickle, wieder unter der Fichte, die Dosen. Es wirkt. Gekühltes Blondes ist der wahre Luxus.
An der Rückwand der Hütte entdecke ich oben eine Dachluke, zugestellt mit einem Brett. Verbirgt sich dahinter ein Dachboden mit duftendem Heu, ein Fünfsterne-Schlafzimmer? Neugierig packe ich am Boden ein paar Felsbrocken aufeinander, um zum Brett hoch zu langen und es beiseite zu schieben. Die Mühe ist umsonst, die Luke ist verglast und vergittert.
Weiter unten steht im hohen Kraut ein Schuppen, auch verschlossen. Ich könnte mit meinem Quartier zufrieden sein. Doch ich muss die Umgebung durchkämmen und erkunden wie ein Hund, der herumschnüffelt und sich vor dem Schlafen fünfmal umdreht.
Über Funk versuche ich, Ursula zu erreichen und zu beruhigen. Kein Empfang hier oben. Sie hat daheim den gleichen Wanderführer, kann meine Route verfolgen. Wie sie mir aber später sagt, schlugen ihr Warnungen wie "...Trittsicherheit und Schwindelfreiheit erforderlich", "...Hochgebirgstour", "...anstrengender

Klettersteig" wochenlang auf den Magen. In den letzten Tagen meiner Tour besserte sich ihr Zustand.
An der Hüttenwand in der Sonne sitzend schreibe ich Tagebuch. Was ist denn sonst zu tun? Ich habe viel Zeit.
In der Senke unter der Fichte räume ich einige spitze Steine und Ästchen beiseite, breite die Isolierdecke aus, puste die Luftmatratze auf, eine Plastik-Billigausführung, irgendwann für 10 DM gekauft, immerhin mit drei Luftkammern.
Der Schlafsack von Quelle in Obernburg, 25 Euro im Sonderangebot mit Hohlfaser-Füllung, ist unten am Rucksack regensicher verschnürt in einer großen Plastiktüte. Mein Bett sieht doch nun mit dem ausgebreiteten Schlafsack recht ordentlich aus. Ich darf mich zum Abendmahl in den Speisesaal begeben, werde von nickenden Blümchen empfangen, nehme Platz auf den Wurzeln im Schatten der Fichte, sinke in die weichen Polster ihrer Nadeln. Was kann die Küche heute empfehlen? Buletten aus dem Plastikbecher, liebevoll von Ursula gebacken, mit rohen Knoblauchzehen, dazu ein kühles Pils aus der Dose. Die hübsche, freundliche Phantasiebedienung serviert mir noch ein hartgekochtes Ei zum Nachtisch. Was will man mehr?
Was aber steht als nächstes auf dem Programm. Nichts. Nichts als nichts. Ich bin in der Fremde mutterseelenallein, es ist noch taghell. Die Schuhe von den Füßen gezerrt, mache ich mich bettfertig, krieche in den Schlafsack, nur zur Probe sozusagen. Was tun, wenn jetzt jemand kommt, vielleicht mit einem wild herumsausenden aggressiven Hund? Die Hütte wird nicht immer unbewohnt sein. Also wieder aufstehen, herumlaufen, noch eine rauchen.
Wer hätte das gedacht! Ich befürchtete immer technische Probleme, dass der Rucksack zu schwer ist, dass ich mir Blasen laufe, dass die Kamera nicht funktioniert, dass ich etwas Wichtiges vergessen habe, und nun macht meine Psyche schlapp, die mit der Bergeinsamkeit nicht fertig wird. Das wird mir von nun an öfter widerfahren, – wenn ich meine Wanderung fortsetze.
Ein Kraspeln im Rucksack. Hat sich auch eine Maus oder ein Käfer zum Abendessen eingefunden? Die Quelle ist schnell geortet, es ist das aus Versehen eingeschaltete Taschenradio, das keinen einzigen Sender, dafür das Krachen eines heranziehenden Gewitters empfängt.

Das Radio hat Recht. Dunkle Wolken haben einen depressiven einsamen Wanderer entdeckt und wollen ihm den Rest geben. Im Westen stellen sie sich zur Attacke auf, schicken Windböen als Vorhut. Die ersten Pfeile treffen mich nicht, die Fichte wehrt die Regentropfen ab. Ich könnte jetzt meinen Poncho zu einem Primitivzelt aufspannen, wechsle aber meine Stellung und ziehe mit Sack und Pack in den Hütteneingang. Der Steinboden hat den Vorteil, dass ich auch mal barfuß herumlaufen kann, wenn ich für das Kleine Geschäft aus dem Schlafsack muss.
Ich fühle mich in meiner Kuschelhülle warm und geborgen. Nur dürfte die Luftmatratze etwas größer sein, jedes Sich-Umdrehen wird zu einem Balanceakt.
Regen prasselt aufs Kupferdach. Der Wind rappelt an der Holzwand und ist so stark, dass einzelne Regentropfen in mein Gesicht wehen, obwohl doch mein Kopf an der Tür tief im Eingang liegt. Das Ächzen der Holzwand neben mir lässt mich zunächst nicht einschlafen. In einer Regenpause klingen von der Stie-Alm weiter unten Kuhglocken herauf, ein Hund kläfft, Kinder lachen. Hoffentlich besuchen die mich nicht. "Guck mal, da liegt einer. Was macht der da? Ist das ein Penner? Holen wir die Polizei?" Gegen zehn ist es endlich dunkel, und endlich schlafe ich.
Die Nacht lässt mich überleben. Gegen fünf ist es schon wieder hell, um sechs stehe ich auf, es wird ein sonniger Tag. Im Vorbau über mir nistet ein Hausrotschwanz, der meinetwegen nur sehr zögerlich seine Jungen füttert. Zum Frühstück gibt es Wasser, Knäckebrot und ein hartes Ei.
Daheim bei Ursula gäbe es heißen Kaffee, Brötchen, Butter, Käse. Verführerisch! Mein herrliches Alpenpanorama ist mit Entbehrungen erkauft.
Soll ich weiterlaufen? Der Gedanke, heute Abend schon wieder daheim zu sein, ist sehr verlockend. Die fast ständige Zweisamkeit hat mich verwöhnt.
Lenggries ist nicht weit. Laufe ich aber weiter und breche dann doch ab, ist vielleicht die nächste Haltestelle weit weg, ist vielleicht Wochenende mit eingeschränktem Bahnverkehr.
Warum tut man sich das an? Ist nicht ein stinknormaler Hotelurlaub schöner, wo man ohne Gepäck ausschließlich bei trockenem Wetter

Tagestouren macht, sich an den gedeckten Tisch setzt, stets in Gesellschaft, nachts im weichen Bett ohne Regentropfen im Gesicht?
Wie kommt ein 63-jähriger, Kopfarbeiter Zeit seines Lebens, der Sport eher in Appetithäppchen genossen als mit Ehrgeiz und großen Zielen getrieben hat, auf die Idee, durch die Alpen zu marschieren und armselige Quartiere aufzusuchen?
Weil heutzutage so ein Kerl mit den Genen der Abenteuerlust eines Neandertalers lieber mit dem Speer das Steak fürs Weibchen erlegt als zum Metzger zu gehen und eher einem Bären ein feuchtes Loch abtrotzt als in einer zentralgeheizten Höhle auf dem Sofa zu lümmeln.
Ganz im Sinn des Neandertalers wollte ich auch auf Hotels mit Hallenbad und Halbpension verzichten und bei Mutter Grün, in Schobern, Scheunen und Schuppen Nachtruhe finden.
Wollte ich! Der Geist war willig, das Fleisch zeigt Schwächen.
Isolierdecke, Luftmatratze, Schlafsack sind verstaut. Entscheide dich! Bin ich nun der risikofreudige Neandertaler oder nicht? Heimwärts laufen oder nach Westen? Ich käme heute sicher bis Jachenau, aber der Einsamkeits-Schock sitzt so tief, und die Vorstellung, solche Stunden wie gestern zwanzig- bis dreißigmal zu erleben, schrecken mich so ab, dass ich meine Schritte nach Osten lenke, heimwärts.
Ein Foto meines Quartiers? Nein, dazu fehlt mir der Antrieb. Ich bin nicht abergläubisch, aber heute ist Freitag, der 13.!
Ich habe in diesem Moment auch kein Schuldgefühl, kein Bedürfnis der Rechtfertigung vor mir selbst. So eine Alpenüberquerung ist eben nichts für mich, basta, und jetzt geht es nach Hause.
Zurück zur Seilbahn komme ich auf einem anderen Weg an einem malerischen Kapellchen vorbei. Dieses Bild in der Morgensonne richtet mich wieder etwas auf. Ich mache mir sogar die Mühe, ein Fernauslösekabel zu verlegen, um von mir vor diesem schmucken weißen Häuschen ein Foto zu machen.
Die Männer an der Seilbahn wundern sich. Ein einsamer Wanderer, der um diese Tageszeit nicht hinauf sondern hinunter fährt! In Lenggries schleiche ich am Haus mit dem Wasserhahn vorbei.

Hoffentlich sieht mich der Mann nicht, der mir gestern das Zapfen erlaubt hat. “Scho nüberkraxelt?” würde er mich vielleicht spöttisch fragen.
In derselben Telefonzelle wie gestern rufe ich Ursula an. “Ich komme zurück, – es ist nichts Schlimmes!” Sie freut sich.
Zum Glück sitze ich lange allein im Bahnabteil. Ich habe gestern Knoblauch gegessen, heute früh die Zähne nicht geputzt, dazu fehlte mir der Antrieb, und mein rotes T-Shirt hat nicht zu übersehende weiße Schweißflecken.
Wegen Sturmschäden muss der Zug vor Nürnberg über Ansbach umgeleitet werden, Äste hängen in der Oberleitung. Bei der Ankunft in Aschaffenburg hat er 35 Minuten Verspätung. Ursula hat aber geduldig gewartet und ist überglücklich, dass sie mich wieder hat. Gern hätte sie mich mit einer Rose begrüßt, hatte nur nicht die Zeit, sie zu beschaffen.
Kaum wieder im heimatlichen Haus, stürze ich sie in ein Wechselbad der Gefühle. Schon in der Bahn von Würzburg nach Aschaffenburg kam mir nach einigem Nachdenken die Idee, einen zweiten Anlauf zu versuchen. Warum nicht? Ursula ist damit einverstanden. Ich kenne nun die Hinfahrt, meinen ersten Weg, meinen ersten Schlafplatz, das ist mir jetzt vertraut, brauche nur etwas seelische Erholung. Ich kann das Radio daheim lassen und mich nach einer größeren Luftmatratze umsehen.
Nach dem Wochenende werde ich in einem Sportgeschäft fündig und lasse mich zum Kauf einer “Leichtluftmatratze” für 45 Euro verführen, immerhin noch mit zwei Luftkammern, aber laut Werbeblatt 380 Gramm leicht, zu meiner großen Freude fast halb so leicht wie die alte. Die Waage daheim zeigt aber 560 Gramm. Mein Ärger über die Täuschung ist so groß, dass ich sie von Ursula zurück bringen lasse und wieder die alte mitnehme.
Ganz modern sind Isomatten, mit ungefähr 400 Gramm auch leicht. Aber die Bequemlichkeit auf einem zwei-cm-Polster kann ich mir lebhaft vorstellen.
Doch mein uraltes Funktelefon-Monster, ein Nokia 2110, mit Ladegerät 450 Gramm schwer, darf daheim bleiben. Freunde leihen mir ein Nokia 3210, das mit 260 Gramm einschließlich Ladegerät kaum auf die Schultern drückt.

Auf die fürsorgliche Bitte Ursulas rufe ich auch im Gasthof Zur Post in Jachenau an und frage, ob in den nächsten Tagen ein Zimmer frei ist. Am Mittwoch geht es, sagt die Frau, am Donnerstag, Fronleichnam, könnte es eng werden. "Aber ich brauche mit Luftmatratze und Schlafsack nur den Boden eines trockenen Raums." Sie hört wohl heraus, dass ich mehr abenteuerlustig als komfortverwöhnt bin und versichert mir, in jedem Fall eine Lösung zu finden.
Nach vier Tagen psychischen Aufbaus neuer Anlauf. Es ist immer noch sonnig. Wie gehabt geht es mit der Bahn nach Lenggries. Diesmal trinke ich schon viel in der Bahnhoftoilette und fülle die Wasserflaschen, schaukele die Seilbahn zum Brauneck hoch. Fast auf die Minute bin ich wieder sehr früh an der Latschenkopf-Hütte, jetzt aber in besserer seelischer Verfassung. Alles ist mir bekannt und vertraut.
Im Taschenbuch ist die Seilfahrt als unumgänglich hingestellt. Doch wäre es schon bei meinem ersten Anlauf geschickter gewesen, nicht die Seilbahn sondern meine Haxen zu gebrauchen. Der Aufstieg dauert zweieinhalb bis drei Stunden, wie ich im nächsten Jahr feststellte. Ich wäre also gegen 19 Uhr an der Latschenkopf-Hütte angekommen, näher an der Schlafenszeit, zufriedener und vor allem müder, hätte damit die Einsamkeit weniger deutlich erlebt. Nachher ist man immer klüger.
Urplötzlich, wie kann es anders sein, ist der Akku meines Funktelefons leer. Ursula wartet vergebens auf den beruhigenden Anruf. Hinter der Hütte verstecke ich den Rucksack und laufe zur Stie-Alm hinunter, ein weitläufiges, etwas lieblos gestaltetes Gehöft, wo mich eine junge hübsche Tschechin zum Telefon führt. Sie empfiehlt ihre ebenso hübsche wie umfangreiche Kuchentheke, aber mein Dinner oben an der Hütte in der Abendsonne ist mir lieber. Was gibt es denn heute? Buletten in der Plastikdose und Dosen-Pils. Als Nachtisch mal was ganz Neues? Ein hartgekochtes Ei.
Mein Nachtlager ist wieder der vertraute Hütteneingang, und auch diesmal blitzt und kracht und regnet es mehrere Male.
Um fünf raus aus der warmen Hülle. Es ist trüb, kühl, regnerisch und windig, und obwohl auch diesmal mutterseelenallein, fühle ich mich viel besser als damals bei Sonne. Erstaunlich, was eine stabi-

le Psyche alles ausbügelt. Da erduldet man auch ein karges Frühstück mit Wasser, Müsliriegel, einem Ei. Jetzt zieht auch noch Nebel auf, da wird mir die Benediktenwand wenig bringen. Aber diesmal muss ich´s schaffen! Start um sieben, zunächst noch einmal zur Stie-Alm hinunter, die ohnehin am Weg liegt, wo mir ein Knecht mein Urteil bestätigt, von der Benediktenwand wäre kaum etwas zu sehen. Nach Jachenau sollte ich den Fahrweg ein kleines Stück zurück, dann rechts einen Pfad zur Krottenalm nehmen. Es geht über Stock und Stein. Bald fängt es an zu regnen, kein kurzer Schauer, sondern ein ständiger nervender Dauerregen. Den Poncho heraus, ehe Funktelefon und Kameras nass werden! Trotz bühnenreifer Verrenkungen bringe ich ihn aber nicht hinten über den Rucksack, werde nur nass und nasser. Also Rucksack absetzen, Poncho drüberlegen, Rucksack aufsetzen und die Plane nach vorn ziehen. Aber jede Bö von hinten weht sie mir wieder in den Nacken. Es ist zum Verzweifeln! Schließlich binde ich sie hinten am Rucksack fest, und das hält so halbwegs. Inzwischen bin ich mehr als durchfeuchtet.

Unter mir auf dem schmalen Pfad kriechen zwischen Halmen und Blättern so viele Alpensalamander, dass ich aufpassen muss, keinen plattzutreten. Denen scheint der Dauerregen Spaß zu machen.

Schon von weitem leuchtet durch den Regenvorhang bei der Hinteren Krottenalm Licht hinter den Fenstern, oben steht sogar eins offen, Rauch steigt auf. Ein Lichtblick für mich im nassen Grau die Aussicht, auf menschliche Wesen zu treffen, die vielleicht beim Frühstück sitzen, die vielleicht vielleicht vielleicht mich zu einer heißen Tasse Kaffee einladen. Zu früh gefreut, ein Balken vor dem Eingang signalisiert: Fremdpersonal nicht willkommen.

Ein Schild zeigt bergauf "Jachenau/Benediktenwand". Im Regen will ich aber nicht klettern und wende mich bergab, wo jedoch kein Schild ein Ziel anzeigt. Durch eine tiefe nasse Wiese geht es zur unbewohnten Vorderen Krottenalm. Ich finde hier endlich einen offenen, trockenen Stall, kann mich endlich auf einen Hauklotz setzen und mir meiner unglücklichen Lage bewusst werden. Die Karte im Wanderführer zeigt, dass ich Richtung Jachenau nicht nach Süden sondern nach Westen laufen sollte. Also zurück Marsch-Marsch durch die nasse Wiese hoch wieder zur Hinteren Krottenalm. Aus einem Wolkenloch kommt kurz die Sonne, aus dem Haus trauen sich nun zwei Männer, die hier mit ihren Familien Urlaub machen, mühselig, weil die Alm nur zu Fuß erreichbar ist. Sie ermutigen, es ginge nur noch den Hang hinauf, dann drei bis vier Stunden nach Jachenau. Hoffentlich haben sie recht.

Am Hang entdecke ich zwei Gämsen, das erste bescheidene Erfolgserlebnis heute. Aber oben auf dem Kamm mache ich schon wieder Mist, achte nicht auf den roten Punkt, die Wegmarkierung, sondern laufe nach links, wundere mich allerdings über den nicht mehr vorhandenen Weg und dass sogar umständlich ein elektrischer Weidezaun zu unterqueren ist, mit meinem Rucksack eine erheiternde Circusnummer. Muss jeder Wanderer unter diesen Zaun kriechen? Das kann wohl nicht ganz stimmen. Am Gipfelkreuz sagt mir mein kleiner Kompass: Der Clown tippelt nach Osten statt nach Westen. Also wieder zurück marsch-marsch, Bodengymnastik am elektrischen Zaun. Und um meine Wanderlust vollends nieder zu dreschen, trifft mich ein Hagelschauer. Dann scheint wieder die Sonne. Ich lasse den Poncho umgehängt, bin es leid, ihn immer wieder aus- und einzupacken. Zu meiner Kinderzeit hieß so ein Poncho Regenkappee, weil niemand wusste, wie man das englische Cape ausspricht.

Immerhin bin ich jetzt auf dem richtigen Weg und komme an einer Alm vorbei, vermutlich die Scharnitz-Alm. Weiter unten geht es rechts wieder zur Benediktenwand, wo ich doch nicht hin will. Also den Forstweg hinunter marschiert mit der Beschilderung "Jachenau" und "Petern". Irrtümlich glaube ich, ohne auf die Karte zu sehen, dass dieses Petern an der auf meinem Weg liegenden Petereralm liegen muss und gerate zu weit südöstlich ins Reichenautal. Zum Herausfummeln des Wanderführers war ich wieder mal zu faul. Man sollte ein Gestell vor dem Leib tragen wie einen Bauchladen mit der stets sichtbaren Karte, um solche Fehler zu vermeiden.

Eine Stunde lang erstreckt sich das Reichenautal, Beschilderung "Rundweg Reichenautal-Jachenau". Um Himmels Willen, ich will in nassen Schuhen keinen Rundweg mehr laufen, will schnurstracks nach Jachenau ins Hotel. Ein Radfahrer-Paar am Bach beruhigt mich, ich gehe richtig, bietet sogar an, mir Rucksack und Fototasche voraus zu fahren. Das ist wirklich sehr freundlich, aber ich lehne dankend ab. Wer weiß, ob und wo ich in Jachenau lande. Kurz vor dem Ziel am Waldweg drei Schuppen, unverschlossen und teilweise mit Heu, ideale Schlafplätze. Nein, ich trotte weiter. Bei aller Abenteuerlust ist mir nach diesem Regentag ein richtiges Bett lieber.

Gegen 17 Uhr erreiche ich den Ort, aber zu meiner Enttäuschung hängt ein Schild am Gasthof Zur Post "Zimmer belegt". Soll ich wieder zurück zur Konkurrenz, zum Wirtshaus Zur Jachenau? Entmutigt gehe ich doch hinein, und muss zunächst im Flur stehend warten. Dieses vielleicht vergebliche Stehen, auch wenn es nur einige Minuten sind, wird zur Qual. Trotz nasser Schuhe brennen und schmerzen die Füße. Die Wirtin kommt, und siehe da, sie erinnert sich an mein Telefonat und gibt mir Zimmer Nr. 2, ohne Balkon, aber sonst gibt es alles vom Fernseher bis zur Dusche.

Als erstes über die Straße gewankt zur Telefonzelle und Ursula beruhigt. Zurück im Zimmer zerre ich endlich die Schuhe von den Füßen. Oberhalb des großen Zehs ist durch die nassen Schuhe eine kleine wunde Stelle entstanden. Das warme Wasser der Dusche entschädigt für alle Strapazen. Der zweite Anlauf ist trotz Regenwetters geschafft, ich bin zufrieden mit mir.

In der Gaststube gibt es Bier als Belohnung, in meinen handschriftlichen Notizen 1,3 Liter, wobei ich mich heute frage, wie diese krumme Menge zustande kam. Waren es zwei 0,65-Liter-Gläser oder waren meine Sinne beim Tagebuch-Schreiben getrübt? Beim Abmessen des "Post-Schnitzels" mit der Handspanne habe ich mich nicht getäuscht: 40 cm, es ragt beiderseits über den Tellerrand. "Das vermutlich größte Schnitzel Bayerns" heißt es in der Speisekarte.

Wider Erwarten schlafe ich nicht durch, erhole mich aber in der Nacht.

Von Jachenau bis zum psychischen Knacks

In aller Herrgottsfrühe ohrenbetäubende Böllerschüsse, die mit Sicherheit auch jeden Schwerhörigen im Dorf aus dem Bett werfen, – Fronleichnam. Ein Dutzend Mannsbilder in Krachledernen sitzt im Gastraum beim Bier, prächtige Gamsbärte wedeln an den Filzhüten. Nach dem Frühstück will ich 25 Euro auf mein Mobilkonto laden, habe aber keinen Empfang. Der Kellner bestätigt, dass das D2-Netz Jachenau noch nicht erreicht.

Beim Ordnen des Gepäcks findet sich in der Fototasche die Bedienungsanleitung für den Blitz, den ich gar nicht dabei habe. Ärgerlich, Unnötiges mitzuschleppen, auch wenn es nur Papier ist. Warum ist nur kein Pflaster da? Die Wirtin gibt mir eins für meinen Zeh um Gotteslohn.

Mit Tschingderassa-Bumm zieht die Fronleichnamsprozession durchs Dorf, mit blitzenden Amtsketten, Vereinsfahnen, Frauen und Madeln in farbenprächtigen Trachten, Männer und Burschen im Ledergeschirr, mit ernsten Mienen und Holzgewehren kampfbereit, heimatliches Brauchtum zu verteidigen.

Auf dem Rückweg zum Hotel notiere ich die Abfahrtzeiten der Busse nach Lenggries. Wer weiß, welche Missgeschicke, besonders das Wetter betreffend, noch auf mich zukommen. Die Option des Abbruchs will ich mir offen halten.

Zurück in meinem Zimmer, um endlich die Schuhe trocknen zu lassen und Rücken und Hüftgelenken Erholung zu bieten, mache ich auf dem Fußboden Rückengymnastik. Seit längerem fährt es mir manchmal nach schwerem Tragen blitzartig ins Kreuz.

Der Tag wird nicht langweilig, auch wenn ich nur in geduldiger Fummelei vergeblich versuche, einen Reißverschluss an meiner Zipp-Hose zu reparieren. Nach dem Abendessen ist “Robinson Crusoe” doch genau die passende Bettlektüre. Als Kind hatte ich das Buch, das hier oben im Flur liegt, mit Begeisterung verschlungen, nun werde ich nach mehr als einem halben Jahrhundert daran erinnert.

Am 20. Juni bin ich um sechs auf den Beinen, dusche, packe den Rucksack. Die zwei Nächte waren zur Erholung nötig. Außerdem kann ich als Privatier mit unbegrenztem Urlaub das Ende dieser Tour offen lassen, könnte also an jedem ansprechenden Ort nach Belieben bleiben. In der Begeisterung der Planung kam mir sogar die Idee, die Strecke wieder zurück zu wandern, wenn sie mir gefallen sollte. Daran mag ich aber jetzt nicht denken.

7 Uhr 30 macht der kleine Dorfladen gegenüber auf. Dosenbier gibt es nicht, stattdessen ein Fläschchen Kräuterschnaps, deren Inhalt meine Plastikflasche aber nur zu einem Drittel füllt, und eine Packung Müsli-Riegel. Nach dem Frühstück um acht Abrechnung über 60 Euro für zwei Nächte mit der Kreditkarte, um neun mein Start.

Zunächst ist es wolkig, später kommt mehr und mehr die Sonne heraus. Im Gegensatz zu vorgestern in klammen, feuchten, langen Hosen kann ich heute in luftigen Shorts marschieren.

Noch in der Umgebung von Jachenau steht am Ufer der Großen Laine ein kleiner Heuschober. Ein herrlicher Schlafplatz, den ich aber so früh am Tag nicht brauche.

Immer wenn ich unterwegs bin, auch heute noch, und ein offenes Bauwerk in der Landschaft sehe, eine Scheune, einen Stall, einen Schuppen, auch wenn es nur ein paar Wellbleche sind, schießt mir die Frage durch den Kopf, ob man hier übernachten könnte. Seit meiner Jugendzeit bin ich darauf fixiert wie ein hungriger Vogel auf die Würmchen. Mit dem Fahrrad ohne Zelt nach Schweden habe ich nur in Scheunen geschlafen, im Münsterland im Freien unter einer Plastik-Tischdecke, an der Ostsee unter der schrägen Wand eines gesprengten Bunkers, in Spanien am Strand, in Marokko in der Wüste am Straßenrand, als Ingenieur-Student zur Hannover-Messe unter der Plane auf der harten Ladefläche eines geparkten Lkw.

Damals kam ich mal nach einer langen Radfahrt zu einem Sportflugplatz nachts an. Mein Zelt sollte erst am nächsten Tag von einem Vereinskollegen im Auto gebracht werden. Beim Herumstöbern nach einer Bettstatt fand ich den Hangar unverschlossen, konnte durch einen Spalt des Schiebetors hineinschlüpfen und fand ein Motorflugzeug vor, in dem ich auf dem weichen Pilotensitz dem Morgen entgegen schlummerte.

Es mag vielleicht in meinen Genen liegen, dass ich mich im

Halbdunkel des Waldes, wo andere sich ängstigen, pudelwohl fühle, wenn es nicht gerade eine Nacht in der Fremde ist. Hatten meine Eltern eine Vorahnung, als sie mich Horst nannten, was aus dem Althochdeutschen kommt und "Gebüsch" oder "Unterholz" bedeutet? Als Jugendlicher des Öfteren im Wald geschlafen, fühlte ich mich umso sicherer, je dunkler es wurde, – einfach durch meine rationelle Begründung, dass mich Bösewichte in schwarzer Nacht nicht finden.

Schon als Kind war für mich ein Heidenspaß, im Garten unter den Birnenbäumen ein Hüttchen zu bauen aus Mauersteinen und Wellblechen als Dach, vom Baugeschäft nebenan stibitzt. Es war nur ungefähr einen Meter hoch, weil ich nicht mehr Steine hatte, aber mit einem Fenster, geschmückt mit kleinen Vasen, aus dem lehmigen Schlamm der Lippe geformt. Es war soeben noch Platz für zwei, und wenn wir da hineinkrochen und zur Luke hinaus in den Garten sahen, fühlte ich mich großartig.

Viele Jahre später baute ich nach meiner Heirat eine Wochenendhütte, die durch die mäßig großen Fenster, die umstehenden und darüber wachsenden Buchen und Fichten auch etwas von einer Höhle hat. Bei mir muss ein Heim, in dem ich mich wohlfühle, etwas von einem Schlupfwinkel haben, von einem Versteck, nicht zu groß, nicht zu hell, nicht zu steril. In turnhallengroßen Räumen und in Häusern, die fast nur aus Fensterflächen bestehen, in vielen Bau- und Wohnzeitschriften als moderne Architektur hochgelobt, fühle ich mich kalt, entblößt und beobachtet. Man schenkte uns einmal eine Öllampe mit dem behutsamen Hinweis, im Hüttchen wäre es etwas duster.

Manchmal frage ich mich, ob dieses Verlangen nach einem Dach über dem Kopf, die Suche nach einer Behausung, einer Höhle, einem Versteck wirklich nur genetische Ursachen hat. Die Begeisterung für Abenteuer, wenn auch harmlose, die Nächte in Scheunen und im Freien, dieses immer wieder Aus- und Aufbrechen, um doch endlich mit den gesammelten Schätzen der Begegnungen und Bilder heimzukommen ist vielleicht auch Folge eines seelischen Traumas in meiner frühen Kindheit.

Noch lebende Zeitzeugen können sich nicht daran erinnern, ich selbst auch nur bruchstückhaft.

Es war kurz vor Weihnachten 1942, 43 oder 44. Ich war also zwei, drei oder vier Jahre alt. Vater war als Soldat in München. Mutter reiste ihm wahrscheinlich nach, um mit ihm das Fest gemeinsam zu feiern. Mein Heimathaus war das der Großeltern, vertraute Urheimat unter der Obhut von Mutti und Oma. Über die Feiertage war aber kein Erwachsener daheim, sodass meine Mutter oder die Großeltern mich ins Waisenhaus schafften.
Als Muster eines Muttersöhnchens war ich sehr kontaktscheu und am liebsten ständig an Muttis Rockzipfel, geschützt und beschirmt gegen alle Knüffe des Fremden. Nun schob man mich ab für einige Tage ins Heim wie einen Hund zur Tierpension.
Es war furchtbar. Es war so schlimm, dass mir einige Szenen in Erinnerung geblieben sind als wäre es gestern gewesen. Für kindliche Maßstäbe war ich unendlich weit weg vom geliebten Heimathaus, unter einer Horde fremder Kinder. Ordensschwestern mit streng gefalteten, weiß gestärkten Hauben und schwarzer Tracht, die immer etwas nach Seifenpulver und Stärke roch, waren vom Rosenkranz gefesselt und konnten nicht in liebevoll mütterlicher Zärtlichkeit umarmen, konnten gegen mein immerwährendes Weinen nach Mutti und Oma kein Mittel finden, und ich wäre gern unter das nächste Möbel gekrochen und nie mehr hervorgekommen.
Heiliger Abend. Alle Kinder standen im Obergeschoss versammelt und warteten ungeduldig auf die Bescherung. Eine Tür ging auf. Die Schar stürmte die Holztreppe hinunter durch einen niedrigen und engen, in braunem Holz getäfelten Treppengang. Von den nachfolgenden Kindern auf die ersten Stufen geschoben, bot sich ein unvergessliches Bild. Der Weihnachtsbaum unten war durch das Ende der Treppe noch nicht ganz zu sehen. Aber die Kerzen verwandelten den Treppengang in einen rötlich glänzenden Tunnel, durch den ich vor fremden Kindern und strengen Nonnen geradewegs in ein Märchenschloss flüchten könnte voller Licht und tröstender Wärme. Vielleicht hat mir das Christkind Mutti und Papa in den Märchensaal gebracht. Wie im Rausch lief ich die Treppe hinunter, tauchte in den Lichterglanz der Kerzen, stand staunend vor dem Christbaum inmitten der fröhlich lachenden Kinder. Glänzendes Lametta, spiegelnde Kugeln – so etwas hatte ich noch nie

gesehen. Als die Schwestern ein Weihnachtslied anstimmten und etwas Ruhe einkehrte, entdeckte ich Lokomotiven und Wagen aus bemaltem Holz, Puppen zum Umarmen und Liebhaben, und Bären, die für mich durch ihren Plüschpelz und die honiggelb glänzenden Augen im Halbdunkel des Kerzenlichts beinahe lebendig waren.
Wie in einem glücklichen Traum ging ich auf die Geschenke zu, wollte so einen Bären in den Arm nehmen. Doch die Hand einer Schwester ergriff meine Schulter, zog mich zurück. Es war wie ein Messerstich ins Herz: "Für dich ist nichts dabei!"
Die Bilder aus tiefer Vergangenheit, nach sechs Jahrzehnten verblasst, können nicht mehr betrüben. Es ist ein schöner, sonniger Tag, ein Genuss nach dem Dauerregen und Nebel vorgestern. Jachenau lasse ich zurück und beginne gegen zehn den Aufstieg zum Riss-Sattel, der auch Kanapee heißt, warum auch immer. Aufwärts geht es in den Wald.
Wie in einen schützenden Tunnel taucht man ein in Kühle, Harzduft und übermütigen Vogelgesang mit der beruhigenden Aussicht, nach der nächsten Wegbiegung einem Wanderfreund zu begegnen. Über mir weit ausladende Fichtenäste wie überlange Fächer, langsam wippend, im Wind rauschend, Buchenlaub dosiert das Sonnenlicht zu kleinen Blitzen im transparenten Grün. Mächtige Stämme, die sich einmal stolz zur Sonne reckten, hat Gevatter Tod gefällt, zu braunrotem Schwamm verwandelt, der wiederum anderem Leben Nahrung bietet. Man wird einbezogen in Geburt und Sterben. Ein Stück geborstene Lärchenrinde breche ich heraus, betrachte die schuppige Struktur, bewundere das kräftige Karminrot, wie unverdünnt aus einem Farbkasten.
Jetzt sind auch wieder Fotos möglich von der Brücke über den Wilfelsbach, der Luitpolder-Alm. Saftiggrüne Wiesen, weißgekalkte Ställe, rote Ziegeldächer, darüber ein weißblauer Himmel, ein farbenprächtiges Motiv.
Hier sei das Verfahren meiner 3D-Dias einmal kurz erklärt. Durch unsere zwei nach vorn gerichteten Augen sehen wir räumlich. Die winzigen Unterschiede zwischen Links und Rechts verarbeitet unser Hirn zu einem räumlichen Bild. Bei der 3D-Fotografie wird dieser Vorgang simuliert, indem zwei Kameras im Abstand von etwa 10 cm gleichzeitig ausgelöst werden. Beide Dias werden über-

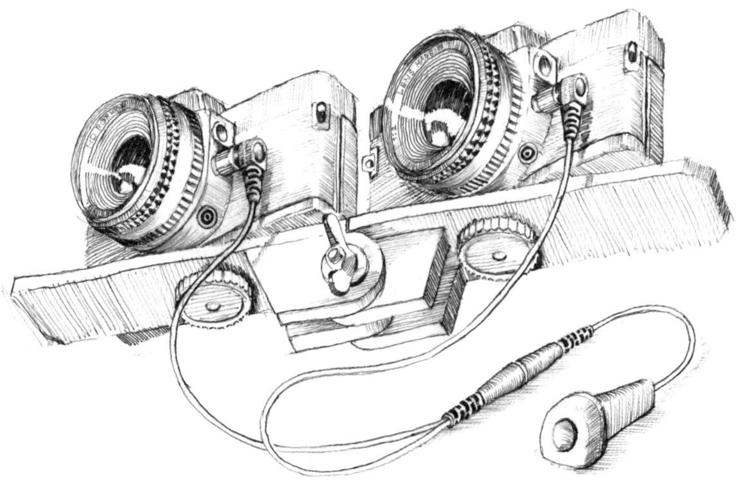

Meine 3D-Vorrichtung aus Buchenholz, die präzise gefertigt werden musste, damit die Kameras parallel "schießen". Sie sind schräg versetzt aufgeschraubt, um sie nicht zu weit auseinander zu platzieren. Das mittige Gelenk erlaubt das Hochformat.

einander von zwei Projektoren auf die Leinwand geworfen. Die Trennung zwischen Links und Rechts erreicht man durch Polarisationsfilter vor den Projektoren und entsprechende Polarisationsbrillen bei den Zuschauern. Für die zwei Kameras, Minolta XG-Modelle, hatte ich zwei Auslösekabel zusammen gelötet und eine Holzschiene mit Gelenk gebastelt, damit Hoch- und Querfotos möglich sind. Für den Fall eines Defekts ist eine dritte baugleiche Kamera im Rucksack. Auch digital ist 3D-Fotografie mit zwei Kameras und die Projektion mit zwei Beamern möglich.

Meinen quittegelben Rucksack muss ich auch einmal fotografisch fixieren und stelle ihn dazu an einem idyllischen Bachlauf ins Gras, stoße die Wanderstöcke daneben in den Boden. Ich hatte ihn für 10 Mark in Obernburg auf dem Flohmarkt erstanden in dem Glauben, er wäre mit Leichtmetall-Außengestell technisch auf dem neuesten Stand. Tatsächlich begegnete mir aber kein Wanderer mit so einem Modell. Nur in den Dolomiten hatte ein Italiener ein noch älteres Prachtstück aus Großvaters Zeit, grünes Segeltuch mit Ledersaum. Er verstand mich aber nicht, als ich anerkennend bemerkte, dass sein Exemplar noch älter ist als meines.

Dass mein Rucksack gegenüber Konstruktionen mit Innengestell

nachteilig ist, kann ich mangels Vergleich nicht sagen.
Wenn man nun noch erfährt, dass auch die drei Kameras gebraucht gekauft sind, dürfte klar werden, dass ich zu den Typen gehöre, die den Euro zweimal umdrehen. Ich mache aber immer wieder die Erfahrung, dass der Erfolg weniger von einer teuren und perfekten Ausrüstung als vom Willen und der Kondition abhängt. Was bringt es, ein sündhaft teures Rennrad in der Garage zu haben, wenn man sich vom Fernsehsessel nicht losreißen kann. Ich strample mit einem Mountainbike vom Baumarkt durchs Land.

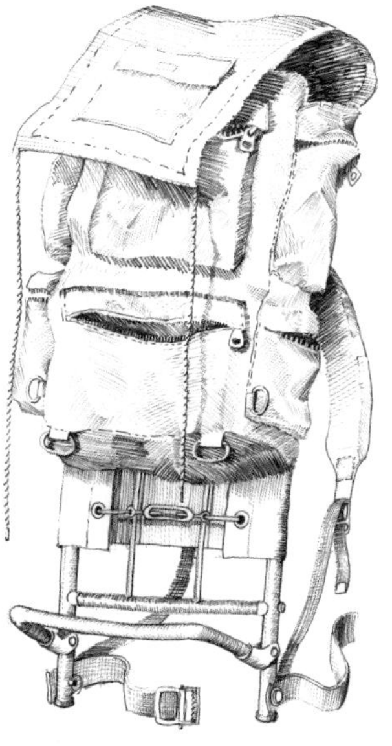

Mein Rucksack für 10 DM vom Flohmarkt

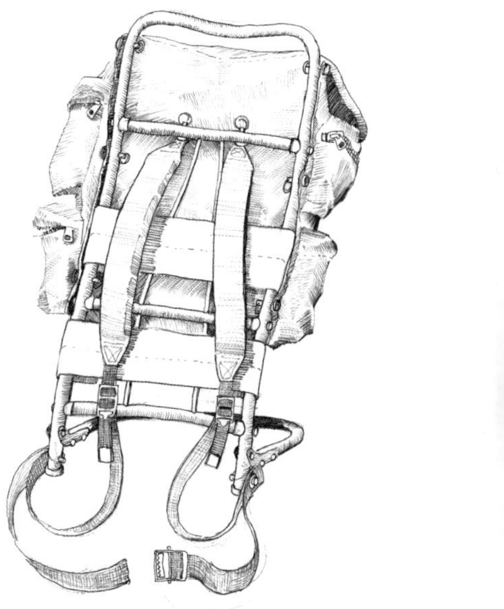

Und weil das Zeichnen so viel Spaß machte, das gute Stück noch einmal von vorn

Nur zweieinhalb Euro kostete meine Lesebrille mit Plastikhülle im Supermarkt, die man sehr praktisch für so eine Tour mehrmals bis auf Glasgröße zusammen falten kann.
Laut Taschenbuch soll man in drei Stunden in Vorderriss sein, ich brauche aber mehr als eine Stunde länger. Warum auch nicht? Ich habe Zeit, könnte doch überall im Freien übernachten, ein beruhigendes Gefühl. Ich genieße jeden Sonnenstrahl, setze mich auf Baumstämme, verharre auf dem Riss-Sattel beim Anblick des

Risstales tief unter mir. Der Rissbach ist nur noch ein hellgelbes Band, das Flussbett trocken, seitdem das Wasser 1951 durch einen Stollen zum Walchensee abgeleitet wird. Am Horizont blitzen die Schneefelder des Karwendel. In vielen Serpentinen führt ein schmaler Pfad hinunter nach Vorderriss. Unten an der Straße ein Kassenhäuschen, wo aber nicht wegen des Grenzübertritts nach Österreich der Personalausweis inspiziert, sondern die Maut für Fahrzeuge zum Walchensee kassiert wird. Alle Achtung, ich bin von Deutschland nach Österreich gewandert!
Am Gasthaus Zur alten Post kann ich in einer Telefonzelle ein Nachbarkind daheim über meine Position informieren, Ursula ist nicht zu erreichen.
Kaum marschiere ich auf der Straße nach Hinterriss, hält unaufgefordert ein Ehepaar und nimmt mich bis Hinterriss mit. Heute ist mein Glückstag, denn die 12 Kilometer auf der Straße wären nicht berauschend. Ein Entgelt wollen die zwei nicht, ich gebe ihnen zumindest meine Visitenkarte.
In Hinterriss gibt es das Infozentrum Karwendel. Jetzt will ich aber doch keine Zeit verlieren und gehe vorbei. Ein Jahr später besuchte ich es mit Ursula. Der Eintritt ist frei, es werden neben Schautafeln, Büchern und Präparaten auch professionelle Diaserien des Kletterers und Fotografen Heinz Zak gezeigt.
Hinter dem Ort geht es rechts in einen Forstweg, der in sachter Steigung an den Hang des Johannestals führt. An einem schwachen Rinnsal, fast nur tropfenweise den Fels herunter kommend, fülle ich geduldig immer wieder die kleine Plastikflasche und gieße um in die große. Wer weiß, ob noch ein Wasserlauf folgt.
Was folgt? Ein rauschender Gebirgsbach, Wasser im Überfluss.
Und es folgt ein Anwesen, das im Taschenbuch mit "Johannestalalm (verf.)" verzeichnet ist. "Verfallen" ist berechtigt. Durch das kniehohe Kraut stelze ich zum Eingang und begutachte die Immobilie. Die Wandbalken, fast einen halben Meter dick, sind zum Teil verfault und zerbrochen. Durch unzählige Löcher pfeift der Wind. Wichtig ist mir das Blechdach, und das scheint an einer Stelle direkt hinter dem Eingang noch dicht zu sein. Heu ist noch da, wenn auch uralt und staubig. Einige Holzstücke und Felsbrocken beiseite geräumt, ein paar passende Steine, Bretter und ein

Im Johannestal

Futtertrog zu einem Bettkasten zusammen geschoben, mit einer Lage aufgeschütteltem Heu aufgefüllt, – fertig ist meine Koje. Dann muss ich nur noch die Isodecke und den Schlafsack ausbreiten, das Aufblasen der Luftmatratze bleibt mir erspart: Wellness-Hotel Johannestal, Einzelzimmer, Frischluft-Therapie und Heuduft inklusive, zwei, drei oder vier Sterne? Nein, unzählige Sterne über mir! Und alles, wirklich alles zum Nulltarif. Ich kann´s nicht fassen!

Das einzige, was in meinem Unzählige-Sterne-Hotel fehlt, ist Bier. Dafür habe ich auf dem Weg hierher viele Walderdbeeren gefunden. Es war nur mühsam, sie mit dem wackelnden Rucksack auf dem Rücken zu sammeln. Kein echter Ersatz für den Gerstensaft, aber hinsichtlich Genuss nicht zu überbieten.

Im warmen Schlafsack liegend sehe ich das Rechteck des Eingangs dunkler und dunkler werden, Fledermäuse durchflattern es kreuz und quer. In der Dämmerung bellt heiser ein Rehbock in der Nähe, der mich wohl gewittert hat.

Bei meinen Vorträgen fragt man schon mal, ob mich in solchen Nächten Mäuse, Ratten oder andere Plagegeister belästigt hätten. So was gibt es doch nicht in einem Unzählige-Sterne-Hotel! Spaß beiseite, erstaunlich auch für mich, dass so etwas nie vorkam, – oder fast nie. In jungen Jahren unterwegs in einem Wald schlafend, wurde ich einmal von einem Igel geweckt, der schnaufend durchs Laub wühlte. Auf meiner Radtour nach Schweden nächtigte ich im Stroh einer Scheune, als eine Katze mit aller Gewalt in meinen mollig warmen Schlafsack wollte. Ihr Gewühle wurde so lästig, dass ich sie schließlich in eine Tonne setzte und einen Holzdeckel darauf legte. Damit war Ruhe. Natürlich wurde sie am nächsten Morgen wieder befreit. Später in Marokko, wo ich in der Wüste am Straßenrand schlief, schreckte mich eine Eidechse auf, die sich auf meinem Hals gewärmt hatte.

In meiner Johannestalalm schlafe ich auch ohne den gewohnten Schlummertrunk tief und fest, werde nur wach, als es auf das Dach trommelt. Es regnet. Ich bleibe aber trocken und warm im Schlafsack.

Das Heu sollte besser verteilt und höher geschichtet werden, in der Nacht spüre ich einige Knollen und Löcher unter mir. Morgens um fünf ist es noch kühl und ich schlüpfe in den Trainingsanzug. Zum Frühstück auf dem breiten Schwellenbalken des Eingangs gibt es Quellwasser, Müsliriegel und eine Orange, die gestern Morgen im Gasthof klammheimlich in meiner Tasche verschwand. Und es gibt Ärger. Eine Kamera löst ab und zu nicht aus. Warum wohl? Sie war die ganze Nacht eingeschaltet, die Batterien sind leer. Reservebatterien herausgekramt, aber der Ärger nimmt kein Ende, auch die sind nicht mehr gut. So etwas kann mir nur hier in der Wildnis passieren. Batterien gäbe es erst mindestens drei Etappen weiter in Hall.

Zwei junge Wanderer kommen vorbei, die ich schon gestern vor dem Riss-Grat traf. Einer von ihnen hat das gleiche Problem.

Schließlich kommt mir, dass doch tief unten im Rucksack eine dritte Kamera vergraben ist. Batterien ausgetauscht, – Glück gehabt.

Aufbruch um neun. Das Wetter ist heiter bis wolkig. Ade Johannestalalm, ade Unzählige-Sterne-Hotel. Der Weg führt hinunter zum Johannesbach, wo ich trinke und die Zähne schrubbe. Ein üppiges Landschaftsbild wird mir geboten. Der Bach hat Geäst und Felsbrocken hinuntergespült, glattgeschliffen und in einem weiten Bett liegen gelassen, saftige, blumenbespickte Wiesen an seinem Ufer, voraus das malerische Karwendelgebirge, zum Glück vom Autoverkehr verschont und von Skitouristen gemieden, weil die flächigen Hänge fehlen. Es bleibt den fleißigen Wanderern und Bergsteigern vorbehalten. Am Kleinen Ahornboden erinnert ein Denkmal an Hermann von Barth, der 1870 die Karwendelgipfel reihenweise erklommen hat. Hier ist ein weiter, beliebter Rastplatz. Mountainbiker sitzen entspannt im Gras, im Schatten der knorrigen uralten Ahornbäume macht man gern ein Nickerchen. An einem Brunnen tausche ich das Wasser meiner Flaschen und mache mich auf zum Karwendelhaus. Mit einem Paar mittleren Alters aus Thüringen komme ich ins Gespräch, bin aber bald wieder allein, weil sie mit weniger Gepäck flotter aufwärts marschieren. Eine paradiesische Blütenpracht liegt zu meinen Füßen, die ich mir daheim nicht hätte träumen lassen. Leider kenne ich mich nicht aus und kann nur Alpenrose und Enzian benennen. Schade, man fühlt sich fast blind und ausgeschlossen, wenn man so unwissend durch die Botanik spaziert.

Um 14 Uhr erreiche ich das Karwendelhaus, ein großes, massives Gebäude. Außen ein Waschbecken mit Schild. Wo aber sonst der warnende Hinweis "Kein Trinkwasser" den Durstigen zum Verzehr in die Gaststube treibt, heißt es hier "Trinkwasser". Sehr anständig! Ein Gewimmel wie in einem Ameisenhaufen, als ob alle Radfahrer, Wanderer und Bergsteiger des Alpenraums zusammen gekommen wären. Neugierig quetsche ich mich in den Gastraum zu einem Bier und einer Portion Gemüseröllchen. Obwohl in reichlich Öl, schmecken sie so gut, dass ich eine zweite Portion bestelle.
Nach einer Stunde geht es weiter zur Birkkar-Spitze hinter dem Haus aufwärts, und zwar ordentlich. "Schlauchkar" heißt dieses steile Geröllfeld, und es schlaucht tatsächlich. Die Bezeichnung soll aber an den Mittenwalder Namen Schlaucher erinnern. Nichts da! Es schlaucht, es schlaucht so sehr, dass ich alle paar Meter stehen bleiben muss, um zu verschnaufen. Trotzdem rinnt der Schweiß, das Pils will zurück aus allen Poren, durchnässt das Hemd und tropft auf die Fototasche. Fast an jedem Bach trinke ich reichlich, frage mich dabei grimmig, warum ich denn volle Wasserflaschen aufwärts schleppe, über Felsbrocken, an Schneefeldern vorbei. Jawohl, mein erster Schnee fast in Reichweite. Jetzt wird es ernst! Gelobt sei, was hart macht!
Merkwürdig, diese Suche nach der Strapaze. Ist sie ein Weg zur Selbsterfahrung, den man unbewusst einschlägt?
"Je mühsamer um so besser" kommentiert Ursula die asketische Suche nach mir selbst. Während der Ingenieurausbildung kam es schon mal vor, dass ich auf dem Weg von der Schule zum Bahnhof den Zug nach Hause verbummelte. In meinem Ärger über mich tippelte ich als Selbstbestrafung die 25 km-Strecke und kam nach vier Stunden heim zu einer Zeit, in der ich mit dem nächsten Zug längst hätte da sein können.
Inzwischen sehe ich mich nicht mehr als kasteiender Mönch, glaube aber, dass mir nichts in den Schoß fällt. Man muss für alles Erstrebenswerte etwas tun, manchmal gar kämpfen. Umso intensiver das Erfolgserlebnis.
Über die Felsbrocken zur Birkkar-Spitze hoch komme ich immer wieder an mein physisches Ende, stehe wie vor einer Mauer und denke, jetzt geht nichts mehr. Nach ein paar Minuten Pause schafft

man doch noch einige Schritte. So erreiche ich gegen 19 Uhr abgekämpft, froh und allen Göttern dankbar, die Biwakhütte unterhalb des Gipfels. Endlich, der Puls sinkt auf Normaltakt, bitte keinen Schritt weiter! Wann ist man denn schon mal so am Ende aller Kräfte? Die Marathonläufe vor etwa zwanzig Jahren fallen mir ein. Der Auslöser zu meinem ersten war mein Gewicht.

Denn das Mittagessen in der Kantine, das Abendbrot mit zwei oder drei Flaschen Bier und vielleicht auch das sorgenfreie Dasein mit monatlichem Einkommen hatte bei mir eine deutliche Spur hinterlassen: einen Bauch.

Das war mir aber nicht sonderlich bewusst. Erst als mir in der Werkstatt des Kernforschungszentrums auf einer digital anzeigenden Waage 97,8 entgegen leuchteten, war mir klar: Ich musste etwas tun gegen meinen Speck.

Ein hartes Ringen mit mir selbst, denn es ist meine Art, etwas ganz, vollständig, richtig und gut zu machen oder überhaupt nicht. Es wäre mir nicht möglich gewesen, statt drei Flaschen Bier nur eine zu trinken, statt einer Tafel nur ein Stückchen Schokolade oder nur eine Scheibe Wurst zu essen. Das wäre nicht zu schaffen gewesen, dazu war ich, obwohl dies widersprüchlich scheint, zu schwach. Wenn schon – denn schon, entweder strenge Askese oder weiter wie bisher.

Nun kam mir die Idee, das gesundheitlich Notwendige mit der Verwirklichung eines Traums zu verbinden, der wohl jedem, der regelmäßig zum Lauftreff geht, durch den Hinterkopf wandert, nämlich irgendwann einmal diese Schallmauer zu durchstoßen: den Marathon. Durch den Lauftreff im Hardtwald nördlich von Karlsruhe war nach sechs Jahren trotz meiner bärenhaften Masse ein gewisser Leistungsstand erreicht. Aber 42 km wollte ich mir als Fast-Zwei-Zentner-Mann nicht zumuten. Bis zum Marathon in Herxheim auf der anderen Rheinseite war es noch mehr als ein halbes Jahr, genug Zeit zum Abspecken und zum Training. Dieses Ziel vor Augen erleichterte meinen Entschluss, hart gegen mich selbst zu sein und auf Alkohol, auf alles Süße, Wurst, Käse, Butter und was es da sonst an appetitlichen Sachen gibt, zu verzichten. Fortan gab es reichlich Obst, Gemüse, Salate, Kartoffeln, Reis, Vollkornbrot und viel Wasser.

Die ersten Tage waren die schwersten. Ständig nagte der Hunger. Bald gewöhnte ich mich aber an die Umstellung und hatte nach einer Woche mein Erfolgserlebnis, als dieselbe Waage 3 kg weniger anzeigte. Ich begann, ein Diagramm zu malen, in das ich sorgfältig mein Gewicht wie eine Fieberkurve eintrug. Da war einmal für eine steile Spitze keine Erklärung zu finden, bis mir einfiel, dass ich einige Tage zuvor wegen einer Erkältung viele Hustenbonbons gelutscht hatte – der Zucker war´s!
Im Lauftreff, den ich nun erst recht eifrig aufsuchte, liefen mehr Frauen als Männer. Sie konnten zwar auffallend gleichmäßig das Tempo halten wie ein Uhrwerk, hatten dagegen eine Vorliebe, die für meinen knurrenden Magen quälend war. Ihr bevorzugtes Gesprächsthema war die Kochkunst, und man wird sich gut vorstellen können, wie mir Hungerleider das Wasser im Mund zusammen lief und die Beine schwach wurden, wenn sie lang und ausführlich die Zubereitung eines Bratens diskutierten.
Der Lauftreff genügte nun nicht mehr, um an die Anforderung eines Marathonlaufs heran zu kommen. Oft lief ich die gleiche Strecke zusätzlich vorher oder nachher.
Über 1 kg nahm ich pro Woche ab, musste die Hosen immer enger schnallen. Nicht nur zufrieden mit mir, machte es sogar richtig Spaß, mein Ehrgeiz war geweckt.
Nach einem Vierteljahr kamen wir eines Tages vom Einkauf mit 12 Litern Milch im Umkarton auf den Armen nach Hause. “Weißt du, was ich jetzt vor mir herschleppe?” Ursula sah mich fragend an. “Es ist das Gewicht, das ich bisher abgenommen habe!” stellte ich stolz fest. Mit 86 kg waren schon 12 verloren.
Gern denke ich zurück an das Wassertreten. Bei schönem Wetter nämlich, wenn es mich hinaus zog in die Wälder, lief ich 40 km am Tag, freilich auf zwei Läufe morgens und abends verteilt, und genoss danach am Bach sitzend die kühlende Luft, die mir vom Bachgrund und aus den Buchen entgegen strömte. Dann stieg ich hinein bis zu den Waden in das plätschernde Bad, lief den Bach hinauf und hinunter. Wer weiß, ob es den Knien und den Fußgelenken geholfen hat, zumindest war es sehr angenehm nach der Anstrengung. Bald rannte ich mehr als 100 km in der Woche, auf 3, 4 oder 5 Tage verteilt, je nach Wetter, Lust und Laune. Macht Laufen

doch süchtig, wie viele vermuten?
Unterbrochen wurde mein Laufprogramm nur von einem Rippenbruch. Bei der Montage eines Schleiereulenkastens lehnte ich meinen Brustkorb über einen Scheunenbalken tief hinunter, um eine Schraube einzudrehen, erreichte sie aber nicht, reckte mich noch etwas weiter und dann noch etwas, bis es deutlich in meiner Brust knackte. Zwei Wochen lang war es vorbei mit Laufen. Die Erschütterungen schmerzten zu stark. Dann aber kribbelte und zuckte es in den Beinmuskeln nach dieser Zwangspause. Ich konnte es kaum erwarten, wieder durch die Wälder zu springen und lief mit Begeisterung 100 bis 120 km in der Woche ohne mich stark anzustrengen, leicht und flink wie ein junges Reh.
Der letzte Trainingslauf über 30 km wird mir im Gedächtnis bleiben. Es war sonnig, aber nicht zu heiß. Wir waren zu dritt, oder genau genommen zu fünft, denn zwei Frauen fuhren auf Fahrrädern mit und versorgten uns mit Mineralwasser und Obst. Es ging bei munterem Geplauder über Radwege durch Felder und Wiesen von Ort zu Ort. Vor dem Start wog ich 75 kg, nach dem Lauf 72,5, mein Minimum seit vielen Jahren.
“Mach Schluss!” “Brems dich!” ermahnten Freunde und Kollegen, “du wirst noch magersüchtig!” Im Vergleich zu früher sähe ich krank aus. Hager geworden bei meiner Länge von Eins Fünfundachtzig, fühlte ich mich aber gesund und stark wie schon lange nicht mehr.
In der letzten Woche vor dem Marathon hieß es Entspannen, Beine hochlegen, keine Anstrengung, nur lockeres Traben über wenige Kilometer. Voller Respekt vor meinem großen Ziel tat ich alles, um den Wettkampf in einer für Anfänger üblichen Zeit von vier Stunden zu überstehen.
Einen Tag vor dem Lauf fuhren wir mit unserem VW-Bus zur anderen Rheinseite, fanden auch einen ruhigen Platz zum Übernachten, und Ursula machte ein üppiges Nudelgericht wegen der Kohlehydrat-Versorgung. Den Bauch voller Nudeln, schlief ich wider Erwarten gut meinem großen Tag entgegen.
Sonntag, 26. Oktober. Es war sonnig und kühl, ideales Laufwetter. Nach einem kargen Frühstück mit einer Tasse Kaffee und einer Scheibe Weißbrot saß ich im Bus und wartete auf den Start, die

Beine hochgelegt. Zur Vorbereitung gehörte auch so etwas Unappetitliches wie das Stutzen der Fußnägel, das Überkleben der Brustwarzen mit einem Heftpflaster. Sie können wund scheuern und stark schmerzen, wenn stundenlang das schweißnasse Hemd auf ihnen reibt. Meine Startnummer 50 prangte nun, mit kleinen Sicherheitsnadeln befestigt, auf meinem Trikot.
Noch ein paar Minuten bis zum Start. Ein großes Gedränge gab es nicht bei 350 Läufern. Fünf Jahre später, bei meinem zweiten Marathon 1991 in Karlsruhe, war es schon nicht anders möglich, als die 3000 Teilnehmer in Gruppen an den Start zu lassen. Vorn die Schnellsten, die fast noch um die Sekunden geizen, hinten die, denen der Spaß und das Dabeisein alles ist. Auffallend, dass meine Zeit in Karlsruhe nur wenige Sekunden von der in Herxheim abwich.
Die Herxheimer Läufer machten noch etwas Gymnastik, um die Muskeln aufzuwärmen, andere rieben ihre Beine mit Öl ein, dessen geheime Rezeptur die Schenkel auf Höchstleistung bringen soll.
Punkt neun der Startschuss. Nur nicht zu schnell auf den ersten Kilometern! Da war es hilfreich, bei Läufern gleicher Leistungsklasse Anschluss zu finden. Seitlich am Weg auf Schildchen oder auf dem Asphalt aufgemalt die zurückgelegten Kilometer, damit war leicht zu kontrollieren, dass ich bei Marke 1 mit 5 Minuten und 25 Sekunden nicht zu schnell war.
Ein Rundkurs durch Wald, offenes Land und Wohngebiete von 14 Kilometern war dreimal zu laufen. Schon nach fünf km die erste Verpflegungsstation, Plastikbecher mit Mineralwasser, Saft und Tee, Obststückchen. Doch die meisten Läufer waren klug und unterbrachen den einmal gefundenen Rhythmus nicht schon am Anfang, verschoben das Trinken auf die zweite und dritte Runde. Mir war noch pudelwohl nach der ersten, sie war wie ein Spaziergang, bei dem ich mit anderen redete, die Landschaft betrachtete oder mich einer Melodie hingab, die mir im Takt der Schritte immer wieder in den Sinn kam. Nach Runde zwei wurde es anstrengender. Das Feld war weit auseinander gezogen. Die meisten liefen allein, doch für mich gab es zu Beginn der dritten Runde eine freudige und anspornende Überraschung. Franz und Hugo vom Lauftreff waren hergefahren und begleiteten mich. Aber so sehr sie auch motivier-

ten, sie konnten nicht helfen, als mir auf den letzten Kilometern durch den kühlen Wind die linke Leiste schmerzte. Ich brachte das Bein kaum mehr nach vorn.

Auch der dreimal zu durchlaufende Rundkurs hatte einen entscheidenden Nachteil. Es erschlug förmlich, wenn man eine Wegbiegung durchlief und den Streckenabschnitt vor sich sah, den man schon zweimal bewältigt hatte. "Schon wieder diese Allee, schon wieder diese Straße!" Da kam die Häuserecke, wo ich bei den ersten beiden Runden noch leichtfüßig den Bürgersteig hinauf und hinab gesprungen war, um einige Meter abzukürzen. Jetzt war ich zu schwach, und das Risiko, in diesem Zustand umzuknicken, war mir zu groß. Ich blieb auf der Straße.

Mir fehlte die Kraft etwas zu empfinden, zu denken, zu reden. Ich antwortete meinen Freunden nicht mehr. Alle meine Reserven schienen gebraucht zu werden, die Beine am Laufen zu halten. Verführerisch der Gedanke, jetzt eine Gehpause zu machen, und irgendwo zu sitzen und ein kühles dunkles Bier zu trinken, das müsste das Paradies sein!

Oma und Opa am Straßenrand, Muttis mit ihren Kindern am Fenster riefen uns die restliche Strecke zu: "Noch 1 Kilometer, hopp – hopp – hopp." Sie feuerten an und motivierten jeden Läufer noch ein bisschen, trommelten auf Blechschüsseln, schlugen Kanister aneinander, bliesen im Takt der Schritte Trillerpfeifen.

Weiterlaufen – keine Gehpause machen – blamier dich nicht auf den letzten Metern – weiterlaufen! Ich hämmerte es mir immer wieder ein, sonst fürchtete ich umzufallen.

So makaber es klingt: So kann man sich die letzten Momente des Lebens vorstellen. Man ist zu schwach, den Umstehenden Lebewohl zu sagen, es fehlt die Kraft für einen letzten Händedruck, man bringt die Hand nicht mehr hoch für einen Wink zum Abschied.

Ein Mädchen lief einige Schritte mit, um mir ein Stück Banane in die Hand zu drücken. Ich bekam das glitschige Etwas zu fassen, aber meine Hand zum Mund zu heben war unvorstellbar anstrengend. Ich konnte doch das hilfsbereite Kind nicht enttäuschen, wuchtete das Bananenstück in den Mund und schaffte sogar, dem Mädchen lächelnd zuzunicken. Für ein "Danke" fehlte mir die Kraft.

Anderen schien es aber noch schlechter zu gehen. Alles ist relativ, denn in der motivierenden Gewissheit, dass es nur noch 600 Meter zum Ziel waren, wie mir ein Bundeswehrsoldat zurief, überholte ich drei oder vier Läufer, vielleicht mehr, auch zum Zählen fehlte mir die Energie.
Nach dem aufgeregten Gedränge zu urteilen, bog ich um die letzte Häuserecke, sah dann, allen Engeln sei gedankt, das Zieltransparent, den Korridor zur Zeitmessung, schaffte es tatsächlich, ihn laufend zu passieren, hörte aber keine Zeitdurchsage, sah nicht die elektronische Uhr über mir, sah nicht die abgekämpften Gestalten, die wie auf Eiern vor mir durchs Ziel liefen. Ich hatte nur noch einen Wunsch: nicht mehr laufen!
Nach einigen Augenblicken konnte ich meine Umwelt wieder wahrnehmen. Ursula umarmte mich, die zwei vom Lauftreff standen strahlend bei mir, reichten mir die Hand und gratulierten. "Du hast die 4-Stunden-Grenze weit unterschritten," es war ihnen anzusehen, dass sie stolz auf mich waren, "3 Stunden und 43 Minuten!" Da konnte ich nicht anders nach der halbjährigen Vorbereitung, nach der Anspannung, die nach 42,195 Kilometern plötzlich gelöst war, mir kamen die Tränen.
Zurück in die Alpen. Unterwegs zur Birkkar-Spitze hat mich Johannes aus München überholt, nicht einmal halb so alt wie ich, und empfängt mich an der Biwakhütte. Er muss morgen zurück nach München, deshalb bitte ich ihn, Ursula anzurufen. Hier oben ist wieder mal ein Funkloch, gestern ging das letzte Lebenszeichen auf dem Umweg über das Nachbarkind in die Heimat. Er macht es tatsächlich, wie sich später herausstellt. Auf Wanderfreunde ist eben Verlass.
Draußen möchte ich im Abendlicht noch fotografieren, gebe aber schnell auf, weil die Finger in der Kälte steif werden. Wie so oft, sind die wenigen Fotos nichts geworden. Ich möchte wetten, hätte ich zur Sicherheit eine ganze Serie gemacht, wären sie alle gelungen.
Ein junges Paar stößt noch zu uns, das aufgrund der fortgeschrittenen Tageszeit auch hier schlafen möchte. Nun wird es eng. Die Holzschachtel ist nur drei mal drei Meter groß, hat in der Mitte einen Tisch, den man leider nicht auf Schlafhöhe absenken kann,

und an drei Wänden 60 cm tiefe Bänke. Eine Bank fehlt also. Johannes bietet sich an, draußen im Vorraum auf dem Boden zu schlafen. Das würde eine kühle Nacht für ihn, denn die Eingangstür ist vermutlich von einem Sturm aus den Angeln gerissen, und hier oben in 2640 Meter Höhe weht ein eisiger Wind. Johannes kann bleiben, das Paar schiebt sich irgendwie gegeneinander auf der Bank zusammen und verschränkt die Beine. Zur Nacht muss aber mein Trainingsanzug aus dem Rucksack. Die Schachtel hat zwar eine zweite Tür, aber keine Heizung oder einen Ofen. Auch Vorräte sind nicht da. Unsere dreieinhalb Lebensmittel verteilen und tauschen wir großzügig, Knäckebrot gegen Müsliriegel, Schokolade gegen ein Stück Hartwurst, Gurkenscheiben gegen Ichweißnichtwas. Es muss nicht immer Kaviar sein. Verstohlen sehe ich in alle Ecken, ob nicht doch ein liebenswerter Wanderfreund irgendwo ein paar Getränkedosen hat stehen lassen. Nichts. Himmeldonnerwetter, in der Zelle einer Haftanstalt gibt es auch kein Bier, aber zumindest eine Heizung!

Mein grausamer Alkoholentzug wird entschädigt, als ich nachts Luftmatratze und warmen Schlafsack für ein Kleines Geschäft verlassen und nach draußen in die kalte Nacht muss. Auf den anderen Bergen, bei einigen fast am Horizont, flackern winzige rötlichgelbe Lichter: Sonnenwendfeuer. Es ist der 21. Juni. Und ein märchenhaft schöner Sternenhimmel steht über mir, deutlich ist die Milchstraße zu sehen. Da steht ein armseliges Wesen zitternd in Unterwäsche einsam auf hohem Fels und blickt einige tausend Lichtjahre in die Spiralarme unserer Galaxie, von der es hundert Milliarden geben soll, ein Gedanke, der das Wesen noch mehr zittern lässt.

Gibt es andere Welten? Die Zahlen verlangen eine große Wahrscheinlichkeit. Giordano Bruno, italienischer Dominikanermönch und Philosoph, wurde 1600 bei lebendigem Leib verbrannt, weil er damals schon hinter den sichtbaren Sternen noch weitere und hinter diesen noch viele andere vermutete.

Da stehst du, guter Mond, noch relativ nah und tröstlich, zeigst in deiner Treue dem armen Wesen immerfort dasselbe Antlitz und glaubst wohl, du würdest geradeaus schweben, wenn du überhaupt wüsstest, ob du dich bewegst. Nein, du täuscht dich, du bewegst dich in einem Raum, den meine Mutter Erde gekrümmt hat. Ein

Glück, du darfst mit deinem märchenhaften Licht noch viele Nächte verzaubern, Einstein selig lässt dich noch lange unser Begleiter sein.
Auch auf einer Bank kann man relativ gut schlafen. Um halb sechs stehen wir auf, die junge Frau schläft noch. Ein Blick aus dem kleinen Plastikfenster: Es könnte wieder schön werden.
Johannes geht mutig als erster in die Kälte, gefolgt von mir, das Paar bleibt noch in der Kiste. Ich muss nach Südwesten und finde auch die Wegmarkierung. Was, da soll ich runter? Das geht ja fast senkrecht! Johannes versucht zu beruhigen. "Mach nur mal den ersten Schritt, du wirst sehen, du kommst kontrolliert runter!" Schon diese Ausdrucksweise, kontrolliert abzusteigen, ist doch verdächtig. Ich male mir aus, wie ich unkontrolliert unten ankomme. Ursula, sei froh, dass du weit weg bist!
Johannes hat recht, ich schaffe es trotz schaukelnden Rucksacks auf dem Rücken. Die Wanderstöcke sind zusammen geschoben aufgeschnallt, sie wären nur hinderlich. Ein Erfolgserlebnis sogar, als ich mit Hilfe dicker Drahtseile, an den besonders steilen Felsen befestigt, flott hinunter hangeln kann. Nur merke ich bei einem Seil erschreckt, dass sich das untere Ende aus der Verankerung gelöst hat, merke es aber rechtzeitig.
Glücklich unten angekommen folgt ein Schotterhang, der mir zunächst harmlos vorkommt. Der tiefe Geröllhang steht aber in seiner Neigung kurz vor dem Abgleiten. Schon nach den ersten Schritten rutschen mir die Füße weg und ich falle rücklings auf die Steine. Das ist nicht gut gegangen, die Trainingshose ist zerrissen, am Oberschenkel eine große blutende Schürfwunde. Dem Gepäck ist nichts passiert. Ich binde die Stöcke ab zum Balancieren, trotzdem rutsche ich mehr als dass ich absteige, stürze noch einige Male, doch jetzt ohne Folgen, weil mehr darauf gefasst.
Endlich ist wieder fester Fels unter den Füßen. Ein erleichterter Blick zurück: geschafft! Kontrolliert herunter gekommen! Aus dem kühlen Schatten wandere ich auf sonnige Kuppen, muss den Trainingsanzug verstauen und in die Shorts steigen. Die Wunde und das Blut am Bein können trocknen.
Rechts unter mir rauscht der Birkkarbach durch Felsen und Schneetunnel. Wieder ist Gelegenheit, viel zu trinken und die

Flaschen zu füllen. Mittags quere ich im Hinterautal ein steiniges, trockenes Flussbett. Freilaufende Rinder im Auenwald grasen oder liegen geruhsam wiederkäuend in der Sonne.
An der Kastenalm vorbei geht es noch einmal ständig aufwärts, ich komme ins Schwitzen und trinke an jedem Bach, der aus dem Wald herunter plätschert. Ich frage eine Gruppe lustig singender Wanderer, die mir entgegen kommt, wie weit es noch ist zur Hallangeralm. Später lese ich in der Karte, dass sie korrekt etwas zungenbrecherisch Hallerangeralm heißt. Einer schwenkt seinen Stecken und deutet auf ein Haus am Horizont. Gibt es da etwas Kühles zu trinken? Ja, das gibt es!
Die letzten Kilometer fallen schwer. Noch eine Wegbiegung, noch einige Stufen hoch zur Terrasse, dann setze ich den Rucksack ab und lasse mich in den Stuhl plumpsen. Egal, was nun kommt, laufen muss ich außer einigen Schritten zur Koje nicht mehr!
Ob je ein Fürst oder König, die doch nur hoch zu Ross oder in der Kutsche unterwegs waren, mal diese müden Beine hatte?
Eure königliche Durchlaucht, die Ihr in Eurer Weisheit nur entscheiden müsst zwischen Sauhatz, Trinkgelage oder Mädchenraub beim Bauern, legt Zepter und Krone beiseite und steigt vom Thron. Entledigt Euch des Hermelinmantels, des seidenen Untergewands, legt an das Sackleinen des Vagabunden, macht Euch barfüßig auf, pilgert den langen, steinigen, kalten Weg der Kargheit in der bescheidenen Hoffnung auf einen Becher Wasser, ein Eckchen Brot, ein wärmendes Feuer, ein Lager auf Fichtenreisig.
Auf der Terrasse bestellt der Vagabund aus Obernburg bei der jungen Frau kein Wasser sondern ein Bier. Er zweifelt immer noch, dass es so was Fürstliches hier gibt, aber sie bringt es ihm tatsächlich. Der erste Schluck ist unbeschreiblich!
Gegenüber liegt der Schlaftrakt im Almstil, unten ein Matratzenlager, Waschräume, Duschen, oben Einzel- und Familienzimmer. Nr. drei ist eine Scheune, wo auf dem Heuboden einige Matratzen kreuz und quer liegen. Hier wäre wahrscheinlich die Nacht am billigsten, heute soll es aber mal ein richtiges Zimmer für zehn Euro sein.
Nr. vier der Bauwerke ist ein malerisches kleines Kapellchen auf dem vorgelagerten Hügel, beliebtes Fotomotiv.

Mit dem Schlüssel für Zimmer 7 steige ich das Holztreppchen hoch. Ein Geruch, der allen alten Holzbauten eigen ist und mir immer das Gefühl der Geborgenheit vermittelt, weht mir entgegen. Eine so kleine Kammer habe ich noch nie gesehen. Mit der Handspanne gemessen: 1,6 mal 3 Meter Grundfläche, da gibt es aber noch eine schräge Wand mit winziger Gaube, das Bett natürlich, Nachttischchen, Stuhl, Ablage, Kleiderhaken, elektrisches Licht an der Decke. Erstaunlich, wie das alles hier hineinpasst, sogar für meinen Rucksack ist noch ein Eckchen frei.
Mein uriges Zimmerchen, die ländliche Umgebung, der Blick auf den weißen Felskegel des 2700 Meter hohen Lafatscher, das sonnige Wetter, – hier bleibe ich zwei Nächte!
Sehr praktisch eine "Anschreibe-Karte", auf der die Gäste alle Leistungen, Getränke, Speisen, Duschmarken eintragen. Bei der Abreise erst wird gezahlt, wobei die Wirtsleute voraussetzen, dass nicht geschummelt wird.
Zum ersten Mal kommt meine "Waschmaschine" zum Einsatz, eine Fünf-Liter-Laborflasche aus Plastik mit elf Zentimeter weitem Schraubverschluss. Unterwäsche, T-Shirt und Socken hinein, dazu Tubenwaschmittel und Wasser, immer mal wieder gerührt und durchgewalkt eine Nacht lang stehen lassen, sowas schaffe ich noch, obwohl mir Ursula jede hausfrauliche Fähigkeit abspricht.
Den erfolgreichen Waschtag beschließe ich mit einem guten Omelett und Flüssigbrot.
Nachts muss ich hinaus aus dem Zimmer, die Treppe hinunter und ins Freie. Das Bier drückt. Verschämt muss ich zugeben, dass in der zweiten Nacht die Laborflasche, nun ohne Wäsche, zum Nachttopf wurde. Selbstredend habe ich sie morgens gründlich ausgespült.
Früh um sechs schwenke ich die Wäsche am Waschbecken aus und hänge sie auf die vorhandene Leine, sogar Klammern sind da. Frühstück ist um sieben, dann folgt ein Rundgang zum Fotografieren.
Ein Kalb trabt frei herum und scheint Gefallen an jedem Gast zu finden, man sieht es auch auf einem meiner 3D-Dias. Man sagt mir, es sei ein Vollwaise und deshalb auf Menschen fixiert.
Am Gasthaus sitzt auf der Terrasse eine Frau, die das gegenüber liegende Schlafhaus zeichnet. Sie erlaubt mir, dasselbe Motiv in ihren

Block zu skizzieren. Endlich komme ich mal wieder zu meiner Kunst, man muss doch nicht immer nur fotografieren. Zumal bei meiner Uralt-Technik der Erfolg erst nach meiner Reise und nach dem Entwickeln zu sehen ist. Mit meinem Stift, es ist stets ein Druckstift mit 0,5-Millimeter-Minen, sieht man dagegen sofort jeden Strich. Ich schenke der Hobbymalerin mein Werk gegen die Zusage, Ursula anzurufen. Hier ist wieder kein Empfang, und mein Blatt im Briefbogen-Format wäre ohnehin nicht im Rucksack unterzubringen.

Auch sie erfüllt ihr Versprechen. Amüsant, dass sie erst von Ursula erfährt, dass ich die Alpen überqueren will. Ich bin einfach nicht dazu gekommen, es ihr zu sagen.

Als es nachmittags etwas regnet und gewittert, schlüpfe ich in mein Zimmer, schalte das Deckenlicht an, lege mich aufs Bett und lese in Zeitschriften, vom Gastraum mitgenommen. Hin und wieder wird das Licht dunkler, den Strom scheint ein Generator zu liefern.

Wer auf der faulen Haut gelegen hat, sollte wenigstens gut essen und trinken. Zum Abend gibt es unter anderem Speckknödelsuppe, Salat und Gerstensaft.

24. Juni, Dienstag. Seit meinem zweiten Anlauf bin ich eine Woche unterwegs, bin guten Mutes und glaube mehr und mehr, die Alpenüberquerung zu schaffen.

Liegt doch ein kleines Quantum Sportlichkeit in meinen Genen? Meine Mutter war als Jugendliche eine gute Turnerin, mein Vater war im zweiten Weltkrieg bei den Fallschirmjägern, hat in seiner Jugendzeit einen Marathon bewältigt. Mein Bruder schaffte ein Dutzend, die beste Zeit 3 Stunden 20 Minuten, hat mich also noch um 20 Minuten unterboten.

Frühstück wieder um sieben, und wieder sitze ich um diese Tageszeit allein am Tisch. 88 Euro kosten die zwei Tage, in Jachenau waren es 95.

In der Morgensonne um halb neun beginne ich den Aufstieg zum Lafatscher Joch, teste oben angekommen bei einer Pause mein Funktelefon: nichts. Mache ich etwas falsch? Im Zeitalter von DVD und Internet bin ich etwas zurück, musste mir in Ermangelung eigener technisch begabter Kinder von einer Gitarren-Schülerin zeigen lassen, wie man eine SMS schreibt und sendet.

Erst vor einigen Wochen haben wir einen Kurs besucht, bei dem Schüler eines Gymnasiums uns Senioren technisch auf die Sprünge halfen mit der umwerfenden Erkenntnis, dass wir unser Funktelefon als Wecker gebrauchen können, sogar im ausgeschalteten Zustand. Wer hätte das gedacht! Dann die Texteingabe mit Wörterbuchunterstützung, geheimnisvoll T9 abgekürzt, wobei dieses kleine Ding nach dem einmaligen Tastendrücken das passende Wort herausfischt. Unglaublich!
Ins Isstal geht es wieder abwärts. Die große Wasserflasche hatte ich gefüllt, und auf was trifft man? Nach dem Abzweig nach St. Magdalena nicht nur einige Rinnsale, sondern den Weißenbach, schon ein kleiner Fluss, dann an der Straße sogar ein Brunnen. Zum Ende meiner Wanderung habe ich diese Flasche nicht mehr gebraucht, weil es immer wieder Bäche und Quellen gab.
Vom "Trinkwasserstollen Halltal" nehme ich Dias auf, einem futuristischen Betongebilde links am Weg. Endlich zeigt sich zwischen den ersten Häusern von Absam, einem Ortsteil von Hall bei Innsbruck, eine Telefonzelle. Ursula ist erleichtert, dass es mir immer noch gut geht.
Von einer hilfsbereiten Frau werde ich im Auto bis zur Stadtmitte mitgenommen, etwa drei Kilometer, wieder ohne Daumenwinken wie in Vorderriss. Sie weiß, dass die Strecke auf Asphalt, auch noch zwischen Häuserzeilen, besonders anstrengend ist.
Ein krasser Gegensatz: Eben noch allein in der Stille der Natur unterwegs, jetzt eingekesselt von der Hektik einer Stadt, gefangen in Häuserschluchten, umzingelt von Autos, hinein geworfen in die Anonymität der Passanten. Vom aktiven, frei atmenden Marschierer werde ich zum passiv Getriebenen mit der Sorge um Unterkunft, Bargeld, Lebensmittel, Telefon, Postamt.
Bei der Touristen-Information wird versucht, telefonisch bei einer Zimmerwirtin ein preisgünstiges Nachtlager zu reservieren, aber es meldet sich niemand. Also lasse ich den Rucksack dort, kaufe Batterien für meine Kamera, hole bei der Sparkasse 200 Euro, marschiere zum Postamt und erfahre, dass es wie daheim Standardschachteln zum Päckchenversand gibt. Zurück zur Touristen-Information, die Wirtin meldet sich noch immer nicht, man muss mir ein Bett im Gasthof Badl reservieren. Den Rucksack geschultert, tappe

ich durch die Stadt über den Innsteg ans andere Ufer zum Badl. Das Zimmer für 36 Euro hat zwar wieder keinen Balkon, sonst ist aber alles vorhanden. Mir langt´s für heute, genug gelaufen! Doch ich muss noch einmal los, erstens ist ausgerechnet heute das Restaurant im Hotel geschlossen, zweitens will ich ein Päckchen mit der überflüssigen Blitz-Bedienungsanleitung, sieben belichteten Diafilmen und der Zipp-Hose, die ich vermutlich nie mehr vermissen werde, nach Hause schicken.

Wenn man nur vorher wüsste, was man wirklich braucht, wäre der Rucksack leichter. Beim Kapitel "Ausrüstung" im Wanderführer habe ich aber den Eindruck, dass möglichst viel für alle möglichen Fälle aufgelistet wurde. Ich verzichtete auf Handschuhe, Mütze, Sonnenbrille, Sonnencreme, einen speziellen Hüttenschlafsack, Erste-Hilfe-Set, Ohrstöpsel. Auf keiner Hütte hat mich ein Schnarcher gestört. Vielleicht haben Müdigkeit und tiefer Schlaf mein Gehör auf Null geschaltet. Ein Hüttenschlafsack vermeidet das Verschwitzen der Hüttenwäsche, das vermeide ich aber auch mit meinem gefütterten Schlafsack. Seltsam auch das Stichwort "Kopfbedeckung", womit kein Stahlhelm oder Zylinder, sondern ein möglichst breitkrempiger Hut gemeint sein sollte, der Gesicht, Ohren und Nacken beschattet. In der Sonne nutze ich ihn konsequent, habe aber trotzdem ständig einen Sonnenbrand unter meinen fünfeinhalb Haaren. Daheim hatte ich eine Kinnschnur angenäht, damit er bei einer Bö nicht davon fliegt, und bei Schatten kann er auf der Brust oder im Nacken baumeln.

Zum "festen Schuhwerk", das auch durch jeden Wanderführer geistert. Mein Bruder, praktischer Arzt und Alternativ-Mediziner, brachte mir 2004 in den Alpen bei, über Almen und ebene Pfade barfuß zu laufen. Man hat eine kostenlose Reflexmassage und im taufrischen Gras willkommene Abkühlung. Warum nicht? Auf felsigen Strecken zieht man die Wanderschuhe wieder an.

Es ist eine der prägenden Erfahrungen solcher Touren, dass sich die Bedürfnisse auf das Elementare verringern. Was braucht man denn wirklich? Eine trockene und warme Hülle zur Nacht, das tägliche Brot, einen Bach zum Trinken und Waschen, Kleidung, aus! Man ist befreit aus dem Teufelskreis der Konsumzwänge. Mit Lust hole ich daheim die Werbeblätter aus dem Briefkasten und sehe, was ich

alles nicht brauche.
Eine Autobatterie im Rucksack ist Höhepunkt und Schluss eines lustig-satirischen Einakters, den ich vor einigen Jahren für die Wandertage in Aschaffenburg schrieb. Ein Treppenwitz, dass "Der Experte" wegen zu enger Termine zwischen Reden und Volkstänzen gestrichen wurde, heute aber beim Verleger Arno Boas erfolgreich ist und jährlich ein kleines Honorar abwirft.
Ursula und ich wollten uns schon früher nicht von der Werbung bezirzen lassen und dem Konsumdruck ausweichen. Kurz nach unserer Hochzeit spendeten wir den größten Teil unserer Bücher der Bibliothek, verzichteten auf die übliche Möblierung, sägten und leimten Tisch und Bett zusammen, kauften bevorzugt Handgeräte statt elektrischer Apparate, übten uns in Sparsamkeit. Warum? Unser Konsumverzicht hatte einen handfesten Grund.
Wir wollten die Welt umsegeln. Ich besuchte Segelschulen, versuchte in die astronomische Navigation einzusteigen. Bald lag auch unser eigenes Boot in der Adria bereit, 7,30 Meter lang, der gleiche Typ, mit dem auch Rollo Gebhard damals zweimal allein um die Welt segelte.
Vorbilder gab es genug. Legendär ist die Alleinumseglung des Joshua Slocum 1895 bis 98 mit einem alten Austernkutter. Wilfried Erdmann segelte mit seiner "Kathena", von der Öffentlichkeit kaum beachtet, als erster Deutscher allein um den Globus, nur mit wenigen Hafenanläufen. Robin Knox-Johnston schaffte es 1968 als Erster allein Nonstop.
Als Robinson unserer Zeit lebte Tom Neale fünfeinhalb Jahre allein auf einer winzigen Südseeinsel, bis er mit 56 in bewohnte Gefilde zurückkehrte, um nicht gebrechlich ohne Hilfe zu enden. Aussteiger für ein halbes Jahr war Michael Holzach, der 1980 ohne einen Pfennig Geld, nur mit einem Hund als Begleiter, Deutschland von Nord nach Süd und wieder nach Norden durchquerte. Das Extrem eines Aussteigers und Abenteurers war aber Chris McCandless. Nach dem sehr guten Examen spendete er sein Vermögen von 25.000 Dollar sozialen Zwecken, verließ die Familie bei Washington und zog allein in die Wildnis Alaskas, wo er nach vier Monaten wegen unzureichender Planung starb. Jon Krakauer hat ihm mit seinem Buch "In die Wildnis" ein würdiges Denkmal gesetzt.

Unser Traum war aber nach einer Bora auf der Adria ausgeträumt. Das Inventar war durcheinander gewürfelt, meine Filmkamera in der Bilge abgesoffen, alles nass oder zumindest salzig-feucht, wir waren seekrank und todmüde nach der Nacht im Sturm.
"Nie mehr!" Ursula stutzte mich vom Weltmeer-Kapitän zum Schmalspur-Abenteurer.
In der Telefonzelle am Postamt in Hall erreicht der Badewannen-Kapitän sein Frauchen im Heimathafen nur über Umwege. Mein Karten-Service sperrt mir die Karte nach dem dreimaligen Eintippen der mir gewohnten PIN. Eine liebe Frauenstimme klärt anschließend auf: Die PIN wurde geändert, besteht nun aus Geburtstag und -jahr Ursulas. Welch ein Service, dass man es erfährt! Und dann habe ich jetzt noch ein Kulanz-Guthaben von fünf Euro. Ein dreifaches Hoch der Telekom!
Einkauf bei "Billa", unter anderem eine Dose Thunfisch und Äpfel. Ich will heute nicht mehr in ein Restaurant zum Essen. Zurück im Hotel lasse ich es mir schmecken zu meinem Vollkornbrot-Vorrat von 250 Gramm, immer noch von daheim. Nach der Tagesschau krieche ich ins Bett, zum Duschen zu müde nach der Hin- und Herlauferei.
Am nächsten Morgen stehe ich schon um halb sechs auf und schreibe Tagebuch, sehe um sieben die Nachrichten. Italien versinkt im Hitze-Chaos, Klimaanlagen und Ventilatoren sorgen für Stromausfälle in weiten Teilen des Landes. Im Irak wurden Pipelines zerstört. Die USA haben einen Konvoi beschossen, in dem sie Saddam Hussein vermuteten. Er und Osama Bin Laden werden immer noch gesucht. Sechs britische Soldaten wurden getötet, acht verwundet. Inzwischen gibt es zunehmend Zweifel und Widerstände am Sinn und Erfolg dieses Krieges, dessen Begründung schon falsch war. Das Wetter soll schön bleiben außer einigen Wärmegewittern. Nach dem Duschen um halb acht ein gutes Frühstück mit beliebig viel Kaffee, Orangensaft, Brötchen und allem, was dazu gehört. Drei Döschen Leberaufstrich verschwinden in der Hosentasche, vielleicht bereichern sie heute mein Nachtmahl. Ich packe den Rucksack, putze die Zähne, versuche an der Rezeption mit der Kreditkarte zu bezahlen, - nicht möglich, ich muss bar berappen. Mit Einverständnis der Rezeptionsfrau lasse ich den Rucksack bei ihr im

Foyer stehen, gehe noch einmal in die Stadt, Vollkornbrot und eine Dose Thunfisch kaufen. Schon wieder Vollkornbrot, schon wieder Thunfisch? Mir fällt nichts anderes ein, was es in kleinen Packungen gäbe. Ein Laib Brot oder eine Dose Erbsen sind mir zu groß und zu schwer.
Zurück zum Hotel, Rucksack geschnappt und endlich los. Hall hat zwar schöne Ecken wie den Oberen Stadtplatz mit Nikolaus-Kirche, die farbenprächtige Herz-Jesu-Basilika, den Münzerturm, aber das Herumlaufen bin ich leid. Und doch geht es jetzt wieder eine Straße hoch nach Tulfes. Schon wieder eine Straße, und auch noch aufwärts! Es ist zum Heulen.
Ich versuche es mit Daumenwinken, das erste Mal. Tatsächlich hält ein Handwerker mit Pritschenwagen. Ich wuchte meine Bagage auf die Ladefläche und lasse mich bis zur Talstation der Seilbahn in Tulfes fahren. Als ich meinen Rucksack von der Pritsche hieve, fallen Taschenmesser und Löffel aus der Seitentasche. Ärgerlich, schon wieder ist der Reißverschluss nicht zugezogen. Natürlich sehe ich auch nach meiner Kreditkarte: nicht da! Weg! Der Pritschenwagen ist inzwischen im Neubaugebiet verschwunden. Vielleicht ist sie mit Taschenmesser und Löffel heraus gefallen und liegt auf der Ladefläche. Ohne Kreditkarte wäre meine Tour vorbei, ich habe nur noch 160 Euro in bar.
Was nun geschieht, ist mir so peinlich, dass ich es fast selbst nicht zugeben will und am liebsten verdrängen und vergessen würde. Aber so war es nun mal.
Ich laufe in den Ort auf der Suche nach dem Pritschenwagen, finde ihn aber nicht, stehe am Ende meiner Weisheit zwischen den Neubauten, als ein Mann mit dunklem Wuschelkopf aus einer Haustür tritt, freundlich grüßt, anscheinend nach dem Wetter sieht und wieder verschwindet.
Ich fasse mir ein Herz und klingele bei ihm. Ob er eine Baustelle hier in Tulfes wüsste. Nein, weiß er nicht, bittet mich aber herein, wo ich ihm mein Missgeschick schildere. Mein Geraffel darf ich im Flur abstellen, um noch einmal auf die Suche zu gehen, finde auch Fahrer und Fahrzeug etwas unterhalb an einem Neubau. Der fragliche Pritschenwagen ist dunkelgrün, ich habe dem Wuschelkopf soeben noch von einem hellgrauen Fahrzeug erzählt. Die Auf-

regung scheint mein Kurzzeitgedächtnis getrübt zu haben. Der Fahrer und ich suchen in allen Ritzen der Ladefläche: Karte nicht da. Man sieht ihm deutlich an, dass er sich nun vornimmt, nie mehr einen Anhalter mitzunehmen.
Zurück zum Wuschelkopf, der Allan heißt und aus Schottland stammt. Über sein Telefon rufe ich die Sparkasse an und lasse die Karte sperren. Die Bankangestellte gibt mir den Tipp, von Freunden Geld zu leihen und dann den Betrag zurück zu überweisen. Wo sind hier Freunde? Allan kenne ich erst ein paar Minuten.
Könnte die Karte noch an der Hotelrezeption liegen? Auch da rufe ich an, die Frau ist aber unterwegs. Der Rucksack hat dort über eine Stunde für jeden zugänglich gestanden, sollte jemand ...? Die offene Seitentasche deutet darauf hin. Es ist zum Haare raufen! Mir fallen weitere Gelegenheiten ein, wo ich die Karte verloren haben könnte, und laufe noch einmal zurück zur Seilbahn-Station, untersuche jeden Grasbüschel. Nichts!
Noch einmal rufe ich beim Hotel an. Die Frau ist zurück, hat aber keine Kreditkarte gefunden. Sie meint, ich solle den Rucksack einmal auf den Kopf stellen und gründlich durchsuchen. Die hat Tipps parat!
Allan rät mir, mich einfach mal aufs Sofa zu legen und zu entspannen. Nun gut, wenn es denn hilft.
Ich nehme allen meinen Mut zusammen und frage Allan, ob er mir Geld leiht, vielleicht 200 Euro. Seine Frau Martina und Tochter Carolin sind inzwischen heimgekommen. Wir überschlagen, wie viel Geld ich mindestens noch brauchen würde. Allan ruft sogar bei der österreichischen Bahn an und erfährt, dass die Rückfahrt von Belluno nach Aschaffenburg schon 122 Euro kostet. Er stockt deshalb nach kurzer Rücksprache mit Martina aufs Doppelte auf und bietet 400 Euro.
Da erfahre ich als Wildfremder in Österreich eine großzügige Hilfe. Damit nicht genug, laden sie mich zu Spaghetti bolognese ein.
Nun muss ich Ursula anrufen, um sie zu bitten, so bald wie möglich 400 Euro auf das Konto meiner Nothelfer zu überweisen. Sie ist daheim, aber ihre vertraute Stimme entlädt meine ganze Spannung in einem erstickenden Tränenfluß, ich heule wie ein kleines Kind. Martina muss mir den Hörer abnehmen und mit Frauchen

reden, bis ich mich wieder gefasst habe. Allan ist inzwischen als Englischlehrer zur Arbeit gefahren.
Mit 560 Euro im Rucksack und Dankesworten, die mir etwas dürftig vorkommen, verabschiede ich mich von Mutter und Tochter. Töchterchen Carolin hat noch ein Trostpflaster für mich, sie umarmt mich armen Wanderer und schenkt mir selbstgemalte Bilder.
Weiter geht es die Straße hoch. Wieder Straße, wieder aufwärts. Der Tag scheint ein endloses Unglück zu werden. Nach etwa einem Kilometer eine Bank, wo ich mich setze, den Rucksack abstelle, Tagebuch schreibe und so langsam zur Ruhe komme nach dem Sturm. Ohne Eile und ohne Zuschauer nehme ich mir doch noch einmal den Rucksack vor, obwohl es sinnlos scheint.
In der oberen linken Seitentasche, wo sonst nur die Waschutensilien sind, steckt die Kreditkarte!
Wie ist das möglich? Warum habe ich hier nicht nachgesehen? Ich habe den Rucksack zu flüchtig durchsucht, weil ich felsenfest annahm, dass sie aus der offenen rechten Seitentasche heraus gerutscht oder gestohlen wurde. Auf diese Vorstellung war ich fixiert. Andere Möglichkeiten blieben wie hinter einer mentalen Wand verborgen.
Nun dämmert mir, wie es geschehen ist. An der Rezeption hatte ich die Karte aus der rechten Seitentasche genommen und, als ich mit ihr nicht bezahlen konnte, in Eile irrtümlich in die linke Tasche zurück gesteckt. Klar, dass deshalb der Reißverschluss der rechten offen blieb und Taschenmesser und Löffel heraus fallen konnten.
Wie peinlich! Einen Kilometer zurück, noch einmal geklingelt. Martina und Carolin wollen gerade zum Spielplatz, Glück gehabt! Ich gebe das Geld zurück, muss noch einmal Ursula anrufen und alles rückgängig machen. Es ist nach 17 Uhr und bei der Sparkasse ist niemand, aber morgen früh wird sie die Karte entsperren lassen, was normalerweise drei Tage dauert. Ich bedanke mich noch einmal bei den Beiden, verbunden mit einer Einladung zu uns nach Obernburg.
Diese merkwürdige Kartengeschichte ist so etwas wie eine Zäsur, ein Punkt in meinem Reiseablauf, wo alle Spannung, Ungewissheit, Anstrengung endlich ein Ventil finden. Ich fühle mich erleichtert, nicht nur wegen der aufgetauchten Karte. Vermutlich hätte sich die-

ses Ventil ohne den vermeintlichen Verlust der Karte bei einem anderen Vorfall gewaltsam geöffnet, bei einem Sturz, einem Unwetter, wenn ich mich verlaufen hätte.
Solche Dammbrüche gestauter Spannungen und Ängste erlebte nicht nur ich hier in den Alpen und nach meinem ersten Marathon, sondern auch Ursula nach unserer ersten "wilden" Übernachtung 1979. Im tiefen Schwarzwald war ich einen abschüssigen Waldweg eingefahren, rückwärts, damit wir bei Gefahr, beim Auftauchen der Polizei oder des Jagdpächters, gleich wieder flüchten konnten, mit den Hinterrädern auf Steinhaufen, um nachts waagrecht zu stehen. In unserem VW 1600 Variant hatte ich anstelle der Rückbank eine Sperrholzplatte eingesetzt und an ihrer Vorderkante noch zwei Einzelplatten mit Scharnieren angeschraubt, die wir gegen die nach vorn geklappten Frontsitzlehnen schwenken konnten. So entstanden über zwei Meter lange Liegeflächen. Stauraum war für uns damals genügend unter der Platte und unter der Fronthaube. Die Fenster hängten wir zur Nacht mit maisgelben Vorhängen zu, ebenfalls selbst genäht.
Diese erste Nacht überstand Ursula nur mit Zittern und Bangen. Morgens Frühstücksvorbereitung hinter dem Heck. Als ich seitlich im Wald zum Fotografieren aufstieg, löste sich ein kopfgroßer Stein, kugelte und hüpfte hinunter und traf - zum Glück nicht Ursula oder unser Auto, sondern die Thermoskanne. Kein großer Schaden also, im nächsten Ort kauften wir eine neue. Aber dieser Schlag und das Bersten der Kanne löste in Ursula alle Ängste der überstandenen Nacht und sie heulte los mit einem Sturzbach an Tränen. "Warum können wir nicht wie andere auf einen Campingplatz oder in eine Pension?"
Die zerdepperte Kanne war bei ihr der Auslöser wie bei mir heute ihre Stimme am Telefon.
Das glückliche Ende der Kreditkarten-Geschichte lässt mich langsam wieder zur Ruhe kommen. Die Welt ist wieder im Lot. Auf ein Neues! Nun bin ich ziemlich sicher, mein Ziel zu erreichen.
Zum dritten Mal spaziere ich auf dieser Straße oberhalb Tulfes. Es ist schon 18 Uhr, als ich beim Gasthof Windegg links in einen Forstweg mit dem Wegweiser "Steinkaser" einbiege. Mein Taschenbuch beschreibt den Weg ausgehend von der Seilbahn-

bergstation Tulfein. Die erreiche ich aber nicht, weil die Seilbahn erst Anfang Juli läuft, und gerate dadurch ungewollt weiter östlich ins Voldertal. Die grobe Richtung stimmt aber.
An der Stiftalm mit malerischer Kapelle und einem Brunnen, von dem ich auch trinke, fragt mich das ältere Bauernpaar nach dem Wohin. Einmal mit ihnen im Gespräch, bohre ich gleich weiter nach einer trockenen Schlafstatt in Stall oder Scheune, gibt es aber angeblich nicht, weil alles voll steht mit Vieh. Im Naturfreundehaus 15 Minuten weiter könnte man besser schlafen. Das Paar schätzt meine Ansprüche zu hoch ein!
Es dauert keine 15 Minuten. Rechts taucht eine Wochenendhütte auf, alles verschlossen, auch der Schuppen. Aber der Eingang mit Bretterboden hat ein weit überstehendes Dach. Mal sehen, ob noch Besseres zu finden ist.
Eine gute Entscheidung. Noch ein kurzes Stück Wegs, und ich finde ein ideales Quartier in einem Schober, sogar mit Heu. Ich muss die Luftmatratze nicht aufblasen, nur einige Zaunpfähle wegräumen, die hier gelagert sind, um mir ein gemütliches Eckchen zu schaffen. Das Ziegeldach sieht solide aus, und auch das ist gut so, denn in der Nacht gewittert und schauert es kräftig.
Zuvor aber erreicht mich nach diesem aufregenden Tag per Eilboten und Selbstabsender die Einladung zu einem üppigen Abendmahl. Was bietet die Karte? Zwei kleine Dosen Leberwurst von heute früh, Vollkornbrot und Dosenbier. Dazu präsentiert mir das Haus eine bezaubernde Show tanzender Glühwürmchen.
Vollkommen zufrieden, einig mit mir und der Welt krieche ich gegen 22 Uhr in den Schlafsack. Ich genieße es, bei Blitz und Donner die Regenschauer aufs Dach prasseln zu hören und dabei trocken und warm zu bleiben.

Vom Heuschober zum Herrenhaus

In den Alpen werde ich zum Frühaufsteher. 5 Uhr 30 schäle ich mich aus dem warmen Kokon, frühstücke mit Wasser, einem Müsliriegel, einem Apfel. Das Funktelefon hat mal wieder nur schwachen Empfang.

Bisher habe ich Tagebuch sauber und ausführlich auf Briefpapier geschrieben, hatte dazu einen Stoß DIN-A4-Blätter dabei, zur Hälfte gefaltet in einem selbst gebastelten Pappedeckel-Ordner. Daheim fotokopierte ich sie verkleinert doppelseitig und hatte damit eine kompakte Übersicht. Aber unterwegs wird es mir auf Dauer zu mühsam, bei jedem Ereignis diesen Pappedeckel heraus zu zerren. Nun notiere ich Stichworte auf einen Block und schreibe erst bei Ruhe und Muße ins Reine.

Jetzt habe ich mir erlaubt, keine Karten und erst recht keine Briefe zu verschicken. Ich mache es gern entweder richtig und ausführlich, schicke eng beschriebene Karten und seitenlange fotokopierte Briefe wie damals bei den USA-Reisen, wobei mindestens ein halber Tag draufgeht, oder lasse es ganz.

Nur 50 Meter hinter meinem Luxushotel mit Glühwürmchen-Ballett steht die nächste Scheune mit Stroh im oberen Stock, ein Wohnhaus dabei, wo ich die Leute um Erlaubnis zur Übernachtung hätte bitten können, sofern anwesend. Es sieht aber unbewohnt aus.

An der Voldertal-Hütte kommt der Wirt zur Tür heraus, als er mich kommen sieht, und warnt mich. Die Lizumer Hütte, mein heutiges Ziel, sei vielleicht nur am Wochenende geöffnet. Vermutlich ist dieser Hinweis gut gemeint und nicht im wirtschaftlichen Interesse, mich als Gast festzuhalten.

Mein Weg Numero 22 führt nach einigen Ferienhäusern recht sumpfig und abenteuerlich an einem Bach entlang, bis mich ein Schild stoppt: "Sperrgebiet, Steinschlaggefahr. Durchgang und Aufenthalt strengstens verboten! Bürgermeister." Wie soll man das Verbot befolgen, wenn keine Umleitung angeboten wird? Was ist zu tun? Bis Tulfes zurücklaufen? Nein!

Ich riskiere, von Felsbrocken erschlagen oder von Gendarmen festgenommen zu werden, komme aber unbehelligt nach dem Sperrgebiet an einen Steg in uriger Landschaft, wo ich eine halbe Stunde

raste und Fotos mache. Dieser mäandernde Bach zwischen den großen Felsbrocken ist einfach malerisch. Um elf laufe ich an der unbewohnten Schwarzbrunnen-Hütte vorbei, der Weg, rot markiert, ist immer noch abenteuerlich im naturbelassenen Fichtenwald. Leuchtend grünes Moos überwuchert in üppigen Polstern die kreuz und quer liegenden Baumriesen, unter der Last der Jahrzehnte gefallen, Veteranen, die Lichtschneisen schlugen für ihre fingerhohen Nachkommen. Mutig sprießen sie mit wenigen vorwitzigen Nadeln aus schwammig-nassen Baumkadavern, zeugen vom stetigen Wandel vom Leben zum Tod und wieder zum Leben.
Es folgt ein steiler und schmaler, von Farn zugewachsener Aufstieg nach Westen, der nach meiner Orientierung wieder auf den im Wanderführer beschriebenen Weg kommen müsste.
Um zwölf, wie im Tagebuch notiert, rutsche ich auf dem glitschigen Pfad aus, durch den hohen Farn kaum zu erkennen, rolle aber zum Glück nicht den Abhang hinunter, werde vom Gebüsch aufgefangen. Beim Versuch, mich mit den Stöcken zu halten, ist an einem die Spitze abgebrochen. Auf maximale Länge ausgezogen ist er aber noch zu gebrauchen. Später wird mir dieses Teil kostenlos von der Firma Leki ersetzt, obwohl die Garantiezeit längst abgelaufen ist.
Der Rucksack ist am Gestell mit Aluminiumbolzen befestigt, die mit einem Drahtring gesichert sind. So ein Ring hat sich wieder mal in meinem T-Shirt verhakt und ein Loch gerissen. Irgendwann, schwöre ich mir, bekomme ich eine Zange und Draht in die Finger, um diese Ringe zu ersetzen.
Zwei Unglücke kommen selten allein. Dicker Nebel zieht das Tal hoch, es blitzt und donnert. Ehe wieder alles nass wird, hole ich vorsorglich das Regenkappee aus dem Rucksack, werfe es über mich und finde außerdem eine Halbhöhle im Fels, wo ich mich hineinquetsche, auf Gestrüpp balancierend. Nun kann kommen was will, ich bin gewappnet.
Der Erfolg meiner Aktion? Es fallen nur ein paar Tropfen, in einer Viertelstunde ist alles vorbei. Wie man´s macht, ist es verkehrt!
Doch noch ein kleines Erfolgserlebnis, dass ich tatsächlich auf den rot-weiß markierten Hauptweg Nr. 350 treffe, dem ich bis zur Steinkasern-Alm nach Süden folge.

Die Alm besteht aus einem Dutzend Gebäuden, unterschiedlich schön vom stilechten Blockhaus aus dicken Stämmen bis zum nüchternen Betonklotz mit Blechdach, zwei oder drei sind nicht verschlossen und wären zum Schlafen geeignet, weil mit Hobelspänen oder Stroh am Boden. Kein Mensch ist zu sehen, die Alm ist noch nicht in Betrieb, also wäre auch niemand um Erlaubnis zum Übernachten zu fragen. Aber vielleicht reicht mein Proviant nicht, wenn die nächste bewirtschaftete Hütte erst das Tuxer-Joch-Haus ist. Das ist ein Nachteil beim Wandern in einsamen Gegenden, man will einerseits nicht viel Knäckebrot und Bier mitschleppen, andererseits kommt man erst nach mehreren Etappen wieder an Bier und Knäckebrot.
Also weiter bergauf. Zum Naviser Joch hoch sind ohne Vorwarnung die rot-weißen Wegmarkierungen nicht mehr da, – oder habe ich sie übersehen? Ich gerate zu weit nach rechts. Im Einschnitt am Horizont steht links so etwas wie ein Schild, so muss ich über große Felsbrocken wieder nach links turnen.
Die schrillen Pfiffe der Murmeltiere sollen angeblich die Artgenossen warnen, dass da wieder so ein aufrecht stolperndes Wesen mit einem schaukelnden Klumpen auf dem Rücken des Weges kommt. Aber vielleicht verspotten sie mich auch. “Seht mal diesen Hannewackel! Wo will der denn hin? Warum macht er das? Ist er nicht ganz bei Trost? Der übernimmt sich doch! Als Grufti sollte er zu Hause bleiben und sich die Alpen im Fernsehen angucken!” Wer weiß, was in einem Murmeltierkopf alles vor sich geht.
Endlich ist nach viel Felsturnerei das Naviser Joch erreicht, und hier wird mir klar, was ich den Murmeltieren voraus habe. Hinter mir sehe ich nordwärts alles im grauen Dunst, aber dort vorn! Da leuchten die grünen Wiesen über dunklen Wäldern, blitzen die Schneefelder der Tuxer Alpen in der Sonne. Ich kann nicht anders, muss stehen bleiben und staunen. Murmeltiere aber haben sich vermutlich an diesen Anblick gewöhnt, wie ein Fisch, der seine Umgebung beschreibt, als letztes das Wasser entdeckt.
Bei diesem Augenschmaus fällt mir eine Episode aus meiner Kinderzeit ein. Hatten wir damals nach dem Krieg Besuch von einer etwas besser gestellten Verwandten, durfte ich schon mal mit ihren Töchtern ins Kino, etwas außergewöhnlich Seltenes. Am

schönsten für mich der dreimalige, wohlklingende, lang nachhallende Gong, das dunkler werdende Licht, die langsam nacheinander aufschwebenden verschiedenfarbigen Vorhänge. “Der große Caruso” mit Mario Lanza in der Hauptrolle war nur noch Beiwerk. Aber das Schild, das ich schon von weitem sah, versucht diesen Eindruck zu trüben. “Dieser Weg führt in MILITÄRISCHES SPERRGEBIET. Betreten des Sperrgebiets nur außerhalb der Schießzeiten und nur auf dem markierten Wege gestattet. Schießzeiten sind beim Kommando des Truppenübungsplatzes zu erfragen.” Den Text einschließlich Versalien und Unterstreichungen habe ich später von einem Dia abgelesen.
Ich muss hier durch. Was ist in dieser Gefechtslage zu tun? Strategie entwickeln! Panzerverbände herankommen lassen. Als harmloser Wanderer den Gegner geschickt täuschen. Dann aber Überraschungsmoment nutzen und an der Flanke durchbrechen mit meinem Pfefferspray!
Aber heute sind keine Schießübungen angekündigt. Die Streitkräfte entgehen um ein Haar meiner vernichtenden Attacke.
Und doch werde ich hart geprüft, denn der Weg nach Lizum, das im Wesentlichen aus Kasernen besteht, zieht sich endlos. Mein Ziel ist die Lizumer Hütte etwas außerhalb.
Es dämmert, und jetzt bleibt meine Armbanduhr hin und wieder stehen. Hier, wie kann es anders sein, wo weit und breit keine Batterien aufzutreiben sind.
Nun ist das eigene Zeitgefühl gefragt.
Viele Denker der Vergangenheit haben überzeugt den angeblich überall gleichmäßigen Zeitablauf beschworen. Sie konnten nicht wissen, dass nur an einem Ort Uhren gleichzeitig ticken. Auf dem Jupiter würden sie schon stark gebremst, auf einem Neutronenstern müsste man vom Tick zum Tack sehr lange warten, und im Schlund der Schwarzen Löcher wären sie nicht mehr zu hören. Keine Vergangenheit, keine Gegenwart, keine Zukunft, auch kein Werden und Vergehen, zuviel für meinen kleinen Kopf!
Der Sekundenzeiger meiner Uhr zuckt nur noch.
Warum weiß ich nicht, wo ich die nächste Nacht verbringen muss? Es wäre doch beruhigend zu wissen, dass ich heute noch eine unverschlossene Scheune mit duftendem Heu erreiche. Warum

kann man nicht in die Zukunft sehen? So wie die Vergangenheit bekannt ist, die wir in Schritten von Sekundenbruchteilen aufzeichnen und speichern könnten. Aber bei der Gegenwart, die es genau genommen nicht gibt, denn ihre Dauer geht gegen Null, weil der kleinste Moment der Gegenwart schon wieder Vergangenheit ist, bei dieser Gegenwart stehen wir wie an einer messerscharfen Grenze, über die wir nicht den kürzesten Blick in die Zukunft werfen können. Vielleicht gibt es Orte, wo umgekehrt die Zukunft bekannt und die Vergangenheit im Dunkel liegt. Wer weiß!?
Der Sekundenzeiger zuckt immer noch, ich schalte die Uhr aus.
Zurück auf den Feldweg nach Lizum. Die unglücklichen Umstände häufen sich. Es beginnt zu regnen. Nach der Erfahrung vom Vormittag sollte es bei einigen Tropfen bleiben, der Poncho bleibt erst mal verpackt. Aber siehe oben: Wie man´s macht, ist´s falsch. Der Regen wird stärker. Ein würfelförmiges Etwas, das ich durch den Regen von weitem zwischen den Bergkuppen sehe und als meine ersehnte Hütte erhoffe, entpuppt sich beim Herankommen als großes Tarnzelt unserer Bundeswehr. Soldatin und Soldat sagen mir ernüchternd, dass es zur Lizumer Hütte noch mindestens eine halbe Stunde sei. Also Poncho zurecht gezogen und weiter in feuchten Kleidern, nassen Schuhen. Einziger magerer Trost: Es geht bergab. Jeeps und Kettenfahrzeuge begegnen mir. Wissen die Insassen ihren trockenen Sitz zu schätzen? Sie grüßen freundlich, dürfen mich aber vermutlich wegen der Terrorismusgefahr nicht mitnehmen. Es wird dunkel und regnet immer noch, als die erleuchteten Kasernenfenster von Lizum näher kommen.

Frierend schwöre ich mir, am erstbesten trockenen Ort unterzuschlüpfen. Der Feldweg führt noch durch eine lange und enge Fahrzeug- und Personensperre aus Nato-Stacheldraht, bei der ich den Poncho etwas raffen muss, damit er nicht zerfetzt wird. Junge Soldaten mit Maschinengewehren in behelfsmäßigen Unterständen fragen mich, ob ich zu ihrem Manöver gehöre oder Zivilist bin. Mein olivgrünes Regenkappee lässt fast nur meine Nase erkennen. Ich hätte gewiss einen perfekt getarnten Feind abgegeben, habe aber keine Lust, mit ihnen Krieg zu spielen.

Durch die Regenschwaden sind überdachte Vorbauten auszumachen, die zu einem Schwimmbad gehören könnten. Unter den Vor-

dächern müsste es trocken sein, und nun halte mich bitte niemand auf, diesen Ort zu erreichen! Ich quetsche mich an einer geschlossenen Schranke vorbei, komme auf einen großen Hof, sauber gepflastert und betoniert. Es sind aber keine Schwimmbecken zu finden, sondern unter dem Vordach gestapelte merkwürdige Liegen, und auf diesen wiederum pulvergeschwärzte Armlehnen aus Holz. Mir dämmert langsam, wo ich gelandet bin. Die Holzvorrichtungen dienen liegenden Schützen als Gewehrauflage. Ich bin in die Schießanlage des Österreichischen Militärs eingedrungen.
Pudelnass ist`s mir egal. In einer trockenen Ecke auf dem Pflasterboden richte ich mein Nachtlager, esse einige Scheiben Vollkornbrot mit Kleinpackungen Wurst und Käsecreme, Souvenirs vom Hotel, trinke eine Dose Bier dazu und krieche in den Schlafsack. Lange noch durchschneiden die Lichtkegel der Jeeps wie suchende Finger die Nacht. Suchen sie mich? Wollen sie einen hilflosen Vagabunden in die Dunkelheit jagen?
Zur Gewichtsersparnis habe ich keinen Schlafanzug dabei und nächtige stets in Unterwäsche. Nicht auszudenken, dass man mich hätte erwischen können, wie ich in Unterhose barfuß auf dem nassen Kasernenhof stehend mein Kleines Geschäft erledige.
Ich schlummere aber unentdeckt bis zum Morgengrauen.
Einen Regenschauer warte ich noch ab, verlasse dann so schnell und unauffällig wie möglich und ohne Frühstück den gefährlichen Ort, – und komme in wenigen Minuten zur Lizumer Hütte. Das hätte ich gern gestern gewusst, dass ich so nah dran war. Zunächst enttäuschend: Die Österreichische Flagge hängt zwar am Mast, aber die Zufahrt ist durch ein Seil versperrt. Zutritt verboten? Nein, es soll nur die Kühe fernhalten, wie ich später erfahre. Auch die Haustür ist verschlossen. Muss ich wirklich weiter bis zum Tuxer-Joch-Haus? Neugierig wie immer umrunde und erkunde ich das Haus und komme an eine offene Tür mit Schild "Winter-Raum", dahinter ein kleiner Verschlag mit Fenster, zwei mal zwei Meter, der mich, gemessen an der vergangenen Nacht, schon zufrieden gestellt hätte. Hier ist aber eine weitere Tür, auch offen, zu einem großen Keller mit etwa einem Dutzend Matratzenlagern, Tisch mit Stühlen und einer einladenden, gepolsterten Eckbank, in diesem

Augenblick der pure Luxus. Was mich aber am meisten freut, ist eine elektrische Kochplatte nebst gefülltem Wasserkanister. Sind da nicht Suppenwürfel im Rucksack, mit Hühner- und Gemüsebrühe sogar eine bescheidene Auswahl?
Die heiße Suppe schmeckt so gut, dass ich ein zweites Mal einen Topf Wasser aufsetze und die Kocherei wiederhole.
Fürs erste sehr zufrieden, schlüpfe ich in den warmen Trainingsanzug, klemme mich in die Eckbank und protokolliere meine ungewöhnliche Nacht. An der Hauswand ein Aushang des Bundesministers für Landesverteidigung, dass ich wahrscheinlich eine "Verwaltungsübertretung" begangen habe, die mit bis zu 2200 Euro oder 6 Wochen Haft geahndet werden kann. Der Minister möge mir verzeihen, ich war doch so nass!
Es regnet nicht mehr, die Sonne geht auf. Ich will die Wärme genießen und gehe ums Haus. Da steht der Hüttenwirt in der Tür, der keinen Grund gesehen hatte, früher aufzustehen in dem Glauben, keinen Gast zu haben. Nach der Schilderung meiner Verwaltungsübertretung komme ich nicht hinter Gitter bei Wasser und Brot sondern in die Gaststube zum Frühstück mit viel Kaffee. Draußen spielen Kinder am Teich, meine Kleider trocknen in der Sonne, die Welt ist wieder in Ordnung.
Auch der Funkempfang ist hier sehr gut, das Militär sorgt dafür, meint der Wirt. Ursula erreiche ich erst später, kann aber 25 Euro aufs Telefonkonto laden.
Der freundlichen Wirtin ist aufgefallen, dass Sommer- und Wintergäste sich in ihrer Wahrnehmung unterscheiden. Die Mehrheit der Wintersportler, sagt sie, sehen die Landschaft als Kulisse für Aktionen, Skiabfahrten mit Fackeln, Jagertee und Après-Ski. Sommergäste dagegen wollen die Alpenlandschaft erwandern. Sie suchen und haben viel engeren Kontakt mit ihr.
Ich dusche ausgiebig für drei Euro, trockne mich mit dem Trainingsanzug ab. Nachdem sich alle Probleme in Wohlgefallen aufgelöst haben, will ich eine Nacht hier bleiben, ziehe deshalb um vom Keller in ein Lager im oberen Stockwerk, wo schon eine Frau aus Innsbruck mit zwei Töchtern einquartiert ist. Hier auf dem Fußboden ist mal wieder Rückengymnastik angesagt.
Heute feiert eine Verwandte ihren achtzigsten Geburtstag. Wir

waren eingeladen, und ich hätte in einer Scheu vor der Herausforderung diese Tour verschieben können. Aber solche Ausflüchte und Ausreden gibt es immer wieder, Besuche, Vorträge, Stadtfeste, Arbeiten am Haus oder im Garten, man muss sie bei so einem Vorhaben konsequent beiseite schieben. Zahnbürste einstecken, Rucksack auf den Rücken, raus aus der Hütte, solange sie nicht brennt! Wer nicht wagt, der nicht gewinnt! Und zu gewinnen ist viel bei etwas körperlichem Einsatz. Die Auf- und Abstiege sind zu schaffen. Der München-Venedig-Weg verläuft nicht über die Gipfel, sondern auf halber Höhe an den Flanken oder im Tal. Der höchste Punkt ist die 2910 Meter hohe Friesenbergscharte. Deshalb möchte ich Mut machen und wie die Autoren des Wanderführers behaupten, dass jeder, der eine mehrstündige Wanderung im Mittelgebirge ohne Verschnaufpausen schafft und schwindelfrei ist, auch diese Alpenüberquerung meistert, wenn er sich Zeit lässt. Im Buch sind von Lenggries nach Belluno 20 Tage vorgesehen, ich nahm mir 29 Tage Zeit.

Auch die Ausrede “Verirren” gilt nicht. Der Weg ist bis auf wenige Ausnahmen gut markiert. Im Gegenteil, in manchen Gebieten sind die Zeichen sogar in 30-Meter-Abständen aufgemalt. Die Begründung kommt mir später: damit man sich im dicken Nebel nicht verläuft.

Nach einem erholsamen Tag gibt es um 19 Uhr Abendessen. Das Bier drückt nachts auf meine Blase. Ich kann aber doch nicht meine Waschmaschine als Nachttopf benutzen, gegenüber liegen drei Damen in der Koje. Ich muss im Dustern durch mehrere Türen und eine wackelige Treppe hinunter.

Nach dem Frühstück zahle ich rund 40 Euro in bar, mit Karte geht es hier nicht, trage mich ins Hüttenbuch mit dem Ziel Tuxer Joch ein und mache mich wieder auf den Weg in den Süden. Es ist zunächst bedeckt, dann dringt nach und nach die Sonne durch das Grau. Zum ersten Mal muss ich verharschte Schneefelder überqueren. Was bisher unwirklich fern in märchenhaftem Weiß schimmerte, ist erreicht, liegt zum Greifen nah unter meinen Schuhen. Erstmals betrete ich diesen sonderbaren Stoff, der jetzt im Sommer so fremd erscheint, aber im Winter schon beim Herabschweben Kinder begeistert ins Freie stürmen lässt, leicht und unschuldig, der

jedoch auch manchen allzu forschen Alpinisten unbarmherzig unter sich begraben und erstickt hat.
Nur kräftig zum Berg gekantet auftreten mit den Wanderschuhen, damit die Profilsohlen mich halten! Vorsichtig quere ich den Schnee in der Spur meiner Vorgänger. Eine flotte Rutschpartie wäre nur anfangs lustig, bis ich unten auf die Steine prallen würde.
Weit oben auf den Felsen kippelt einsam und allein eine windschiefe Schutzhütte, die eigentlich die Bezeichnung Hütte nicht mehr verdient. Sie ist so klein, dass man nur darin sitzen kann, bei einem Unwetter aber wohl sehr willkommen und ausreichend. Alle leichten Bauten ohne Fundament sind in diesen Höhen an vier Ecken mit Draht am Boden verspannt. Hier sind Drähte gerissen, deshalb ist das schöne Bauwerk halb umgeweht.
Nach schweißtreibendem Aufstieg noch einmal eine Belohnung wie vorgestern am Naviser Joch, nur ist die Sicht, die mir am Pluderling-Sattel geboten wird, noch farbenprächtiger. Vor mir violette Blüten in üppigen Polstern auf ockerfarbenen Felsen, unten schimmert in Türkis der Junssee, in den grünen Matten das zarte Netz der Wanderpfade, weiter zum Horizont wieder die vom Schnee weiß marmorierten Tuxer Berge.
Es ist doch ein Unterschied zum Wandern im Flachland, wo sich das Bild der Landschaft allmählich ändert. Im Gebirge wird man beim Erreichen eines Kamms von einem Moment zum andern von einem neuen Breitwand-Panorama überwältigt.
Ähnlich ging es uns in den USA am Grand Canyon. Nach der Fahrt durch endlos flache Kiefernwälder gingen wir vom Parkplatz einige Schritte zur Felskante. Unbeschreiblich die Überraschung und Begeisterung bei den Ausmaßen und Farben dieser grandiosen Schlucht. Wildfremde fielen sich in die Arme, “Oh my gosh!” (Oh herrjeh!)
Nur von wenigen Aussichtskanzeln ist als kleines grünes Fleckchen ein Abschnitt des Colorado zu sehen. Das soll das Naturwunder “Reißender Fluss” sein? Und schon keimte der Wunsch, die Wände hinunter zu steigen, ihm näher zu kommen. Dieses Grün sollte sich zu erkennen geben!
Überall wird in Aushängen gewarnt: Nicht an einem Tag zum Colorado hinunter und zurück. Täglich haben bis zu 60 Wanderer

Hitzeprobleme, jährlich müssen 250 aus dem Canyon gerettet werden. Plakate zeigen das Portrait eines gut aussehenden, forsch dreinblickenden, sportlichen jungen Mannes mit dem Hinweis, dass viele der Unglücksraben so aussehen. “Hike smart” lautet die Devise, “Wandere schlau”.
Aber die Verführung war zu groß. Schon früh um fünf war ich in unserem Wohnmobil aufgewacht. Raus zum schnellen Frühstück mit einer Orange, einer Tasse Pulverkaffee und amerikanischem Wattebrot, das einem sehr praktisch fast das Kauen erspart. Ursula packte derweil liebevoll meinen Rucksack. Fünf Liter Wasser in PET-Flaschen - auf dem South Kaibab Trail gibt es keine Wasserhähne wie auf dem Bright Angel Trail – etwas Brot, gesalzene Erdnüsse, ein Stück Gurke, kleine Möhren, und auch die Fototasche hängte ich um, die Teleskopstöcke geschnappt und einsam und allein durch die Kiefern des Campingplatzes in der Morgendämmerung zum Shuttle-Bus. Der kostenlose Linienbus brachte mich als einzigen Fahrgast pünktlich um sechs zum neugebauten Visitor Center, wo ich von der blauen in die grüne Linie umsteigen musste, um zum Trail Head des South Kaibab Trails zu kommen, zum Start des Wanderpfads vom Südrand die Schlucht hinunter. Im grünen Bus saß ich nicht mehr allein, eine Wandergruppe, überwiegend Frauen, scherzte und lachte. Jeanny führte das Wort und brachte mit ihren losen Sprüchen sogar den Fahrer zum Schmunzeln. Leider verstand ich nicht alles bei meinem dürftigen Englisch, vor einem halben Jahrhundert in der Realschule gelernt.
Genau um sieben begannen wir die Serpentinen in der Morgensonne abwärts zu laufen. “Mein Hut, der hat drei Ecken”. Das kenne ich doch. Die lustigen Damen demonstrierten ihre Deutschkenntnisse, als sie meine Nationalität erfahren hatten. Die Wanderer vereinzelten bald, was mir ganz recht war, denn zum einen verführten mich die tiefen Schluchten und Schlote im orangefarbenen Fels immer wieder zum Fotografieren, zum anderen schlug mir dieses aufregende Vorhaben wie so oft auf den Darm. Ich musste seitwärts hoch und mich zwischen den Felsen verstecken. Trotzdem war ich schon kurz nach acht am Cedar Rigde, einer Raststation mit Plumpsklos. Klar, abwärts geht's immer flott, und der Weg war nicht sonderlich schwer, führte oft über Schwellen aus Stämmen,

Farbenpracht auf dem Pluderling-Sattel

bei steilen Passagen waren Stufen aus Felsbrocken geschichtet, klettern muss man nicht.
Ist man die äußere Schlucht hinunter - die Amerikaner unterscheiden zwischen “Outer” und “Inner Gorge” – geht es, abgesehen von einigem Auf und Ab, eben über das Tonto Plateau, aus dem einzelne rostrote Felsnadeln und Kegel in den blauen Himmel ragen wie der gewaltige O´ Neill Butte zu meiner Linken, zu dem ich 200 m hoch aufsehen konnte. Oft drehte ich mich um und fragte mich, wo denn bei diesen senkrechten oder gar überhängenden Felswänden ein Weg hinab gehen soll. Feuerrot und violett blühten die Kakteen, große Raben segelten vorbei, der Canyon Wren, ein Zaunkönig, begleitete mich mit seinem Gesang, der mit seiner abfallenden Tonreihe dem unseres Fitis ähnelt. Die noch tief stehende Morgensonne erlaubte bei manchen Felsen schattige Wegstrecken und Ruheplätze, und sie malte in märchenhaften Farben. Ich stand da und staunte.
Ein halbes Dutzend Maultiere kam mir gemächlich entgegen, diesmal nicht wie üblich mit reitenden Touristen sondern mit Gepäcksäcken.
Ich erreichte ein Schild mit der schrecklichen Beschriftung “Skeleton Point”. Hier am “Skelett Punkt” oder spätestens um 12 hatte ich geplant, umzukehren. Hätte ich es getan, wäre mir eine große Strapaze erspart geblieben. Aber es war noch nicht einmal neun, und weiter unten traf ich auf ein mehr ermutigendes Schild an der Felswand: “South Rim 3,4 M (Meilen), Phantom Ranch 3,8 M”. Der Rast- und Übernachtungsplatz Phantom Ranch am Nordufer des Colorado schien mir als Ziel zu gewagt. Aber zum Fluss hinunter, wo ich doch schon um neun die halbe Strecke geschafft hatte, diese Idee war zu verlockend! Also weiter marschiert. Schließlich kreuzte ich auf einer flachen Kuppe den Tonto Trail, der im Canyon parallel zur Schlucht und zum Colorado verläuft. Hier wurde ich an einen tragischen Vorfall erinnert, der allzu leichtsinnigen Wanderern gern zur Warnung kundgetan wird. Medizinstudentin Margaret Bradley, 25 Jahre, die den Boston Marathon 2004 in wenig mehr als drei Stunden bewältigt und sich damit als Mittelklasse-Sportlerin bewiesen hatte, startete im selben Jahr am Vormittag des 9. Juli mit ihrem Freund zu einer, wie sie glaubten,

24 km-Wanderung im Grand Canyon. Sie hatten keine Karte, sonst hätten sie gemerkt, dass der Weg 43 km lang ist, also zufällig etwa die Marathonstrecke. Es fehlte aber auch an Verpflegung. Margaret hatte nur 1,5 Liter Wasser, 2 Energieriegel und 1 Apfel dabei. Ihr größter Fehler: Sie trennten sich auf dieser einsamen Strecke am Nachmittag. Zwei Tage später fanden Ranger ihre Leiche. Todesursache: Erschöpfung und Austrocknung.

Auch jetzt lag die Temperatur wie damals bei 41°C. Ein böses Omen für mich? Aber es waren doch noch vier Liter Wasser im Rucksack!

Nicht weit hinter dieser Kreuzung mit dem Tonto-Wanderweg ein Maultiergehege und zwei Zelte der Betreuer, und die letzten Plumpsklosetts. Es ging noch einmal tief den "Inner Gorge" hinunter, und bald sah ich zum ersten Mal auf dieser Tour das grüne Band des Colorado. Harmlos sah er aus von hier oben, und doch hat er in sechs Millionen Jahren unvorstellbarer Schürfarbeit diese Schlucht ausgehobelt.

Dass man den Canyon hinunter auch die Erdgeschichte durchwandert, zeigte der Staub auf meinen Schuhen. Zuerst rotbraun vom Supai-, Redwall- und Temple Butte Kalkstein, 300 bis 320 Millionen Jahre alt. Dann wurden die Schuhe weiß vom 500 Millionen Jahre alten Muav-Kalkstein, und endlich wieder dunkel vom fast 2 Milliarden Jahre alten Gestein der tiefsten Schicht, des Granits der inneren Schlucht.

Respektlos klopften die Schnürsenkel ein lustiges Muster in den geschichtsträchtigen Staub.

Von Serpentine zu Serpentine kam ich dem Colorado näher. Zum Schluss ging´s durch einen Felstunnel, dann war ich unmittelbar auf der Hängebrücke über ihm. Am anderen Ufer lagen ein Dutzend großer Schlauchboote, die Passagiere im Wasser planschend oder am Strand liegend. Flussabwärts die zweite Hängebrücke, die den Bright Angel Trail mit der Phantom Ranch verbindet. Die ersten Gebäude dieses Rastplatzes konnte ich zwischen den Büschen und Bäumen in der Mündung des Bright Angel Canyons erkennen. Schnell über die Brücke, über Felsbrocken und durch Büsche an den Strand hinunter und in Unterhose ins klare kühle Nass. Heute früh hatte ich doch nicht im Traum daran gedacht, den Colorado zu erreichen und eine Badehose einzupacken. Die restlichen vier Liter Trinkwasser legte ich zum Kühlen in den Fluss, trank aber vorsorglich so viel wie möglich vom Flusswasser, bis es mir fast zu den Ohren wieder heraus kam. Aller medizinischer Weisheit zum Trotz: Es bekam mir gut. Hier wäre ich gern länger geblieben, aber zum einen braucht man zur Übernachtung im Grand Canyon eine schriftliche Erlaubnis, zum zweiten hatte ich Ursula versprochen, spätestens 19 Uhr zurück zu sein. Punkt 12, nach einer erholsamen Stunde am Fluss, brach ich auf mit einem triefend nassen Hut auf dem Kopf.

Noch vor der Brücke eine merkwürdige Begegnung. Ein Paar sprach mich an und die Frau schenkte mir eine 1-Liter-Flasche mit Wasser, das noch zum größten Teil aus Eis bestand. Ich bedankte mich, gab ihr mehr zum Spaß meine inzwischen leere Flasche und sagte in meinem mageren Englisch, dass ich im Vergleich zu ihr einen guten Tausch gemacht hätte. “It does´nt matter”, “Es macht nichts” sagte sie lachend und die zwei gingen weiter. Auch ich wanderte weiter und fragte mich nun, wo die liebe Frau das Eiswasser her hatte, warum brauchte sie es nicht selbst, warum gab sie es gerade mir? Hatte sie eine Ahnung, welche Strapaze mir bevorstand und wie sehr ich das Wasser benötigen würde? Schon nach der Brücke und dem Tunnel, beim Aufstieg aus der inneren Schlucht, dem “Inner Gorge”, wurde mir klar, was mir blühte, konnte ich doch keine fünfzig Schritte ohne Verschnaufpause hochsteigen! Wo waren die kühlen Stellen des Hinwegs? Nie hatte ich Schatten so sehnlichst gewünscht wie jetzt. Die Sonne stand nun zur Mittagszeit hoch über mir, mein eigener Schatten war in diesen Breiten gerade mal einen halben Meter lang, da wurden die kühlen Plätze hinter den Felsen rar. Zum Glück hatte ich immer noch das langärmelige weiße Hemd aus angenehm dünner Baumwolle für einen Dollar aus dem Second Hand Shop. Dann die Trockenheit. Die Luftfeuchte betrug nur 12 bis 15 %, wie mir später ein Ranger verriet. Während wir in der Heimat feuchte Luft aus- und auch wieder einatmen, geht hier die Feuchtigkeit beim Ausatmen verloren. Das Naseninnere wurde so trocken, dass es stets biss und wie entzündet war, oft war mein Taschentuch blutig. Schweiß hat daheim eine Kühlfunktion, hier geht er aus den Poren unmittelbar in die Luft, die Haut bleibt trocken.

Grand Canyon
Unten Mitte der Weg zum Plateau Point
rechts ein kleiner Teil des Colorado

An einem der wenigen schattigen Felsüberhänge, wo ich zum ersten Mal meine Brote, Karotten und Nüsse knabberte, kam ich mit einem 49-jährigen Amerikaner ins Gespräch, der mit Sohn, 21, und Tochter, 19, auch auf dem Rückweg war. Der Vater hatte eine PET-Flasche mit Flusswasser dabei, das er sich über Hut und Kopf schüttete und auch mir anbot, eine wirksame Abkühlung, weil es bis in die Kleider rann. Dafür ließ ich mein Eiswasser reihum gehen. Ob es sie stören würde, wenn ich mich ihnen anschließe? Die Vokabel für stören, "disturb", war mir noch rechtzeitig eingefallen. Nein, ich durfte mit ihnen gehen.
An einem markanten Punkt, der Colorado floss schon wieder weit unter uns, bat mich die Tochter um ein Foto von ihnen. Gern, sogar sehr gern. Sie ist ein bildhübsches Mädchen mit strahlend blauen Augen, das offensichtlich gern flirtet. Eine zeitlang wanderte ich hinter ihr und musterte ihre schlanke nackte Taille, sah ihre schönen, jugendlich geformten Beine aufwärts marschieren, die in Gamaschen steckten, damit kein Sand und Staub in die Schuhe geriet, entdeckte ihre niedliche Blinddarmnarbe, als sie sich umdrehte, um mich etwas zu fragen. Mir fehlte nur hin und wieder die Luft zum Antworten. Merkwürdig, da war ich im Rentenalter am Ende meiner Kräfte und doch noch für so was empfänglich! Wie peinlich, als mir bei einer Rast durch die Anstrengung trotz Trockenheit die Nase rann!
Mit Mühe konnte ich Schritt halten bis auf eine Ausnahme, ein schlimmer Moment für mich, in dem ich fürchtete, auf dem nächsten Meter zusammenzubrechen. Vater und Tochter waren 10 Schritte voraus, der Sohn dicht hinter mir. Ich konnte nicht weiter, blieb einfach stehen, lehnte mich an die Felswand und stammelte dem Sohn zu: "Please, some seconds only for breath!" "Bitte, einige Sekunden zum Verschnaufen!" Die ganze Gruppe halt! Aber ich ließ die drei nicht zu lange warten, dann stemmte ich die Wanderstöcke in den Staub und raffte mich wieder auf.
War es diese erzwungene Pause, meine klickenden Wanderstöcke, oder vielleicht die Folgen meines regelmäßigen abendlichen Knoblauch-Verzehrs? Die drei verabschiedeten sich unvermittelt an der Cedar Ridge, der letzten Station vor dem Ziel. Und ich hatte mir schon einige passende englische Worte des Abschieds und des

Dankes dafür zurecht gelegt, dass sie mich in ihre Mitte genommen und mir Gesellschaft geleistet hatten, dass sie meine Schrittmacher waren, hatte mir schon vorgestellt, dass wir am Ziel unsere Adressen austauschen. Vielleicht hätte die Tochter sich erbarmt, einen Rentner mit einem lieben Brief zu beglücken. Nichts war´s, und auch das Mädchen sagte "Good by" mit kurzem Händedruck ohne meine Dankesrede abzuwarten. Im Nu waren sie weiter.

Ich setzte mich am Sockel des Toilettenhauses zur Wandergruppe, die auch vom Fluss hochgekommen war, mich schon erwartet und mit Hallo begrüßt hatte. Die Damen schienen guter Verfassung zu sein, Jeanny klopfte immer noch flotte Sprüche. Nur ihr Freund "feels sick", wie sie mir sagte, er fühlte sich schlecht. Er konnte sich kaum noch auf den Beinen halten, saß gekrümmt und teilnahmslos da, hatte sich in der Toilette übergeben müssen. Sein Hemd war von einem Sturz verdreckt und zerrissen.

Mein Zustand aber besserte sich überraschend. War es diese letzte längere Pause, war es der wegfallende Druck, in einer Gruppe mithalten zu müssen, die letzte Wasser-Brot-Erdnüsse-Ration? Oder war es das "Sodium Water"? Ein Mitarbeiter des National Park Service, ein Student aus Schweden, der in einer Gruppe die Wanderwege so herrichtete, dass Regenwasser seitlich abfließt, hatte mich mit einer Flasche tintenblauer Flüssigkeit in der Hand auf seinem Heimweg überholt, mich angesprochen und mir die Tinte zu trinken angeboten, er brauche sie nicht mehr. Ich trank mehr aus Neugier als aus Durst von seinem Natrium-Wasser. Es schmeckte gut, weit weniger giftig als es aussah. Salzhaltiges ist notwendig, wenn der Natriumgehalt des Bluts durch Schwitzen oder durch Trinken von zu viel Wasser – auch diesen Fehler kann man machen – zu gering wird, wofür Mediziner sich den Zungenbrecher Hyponatriämie ausgedacht haben.

Egal wie, die letzte Etappe zur Schluchtkante, zum South Rim, schaffte ich gut in gleichmäßigem, langsamen Tempo. Zu dieser Tageszeit gibt es auch wieder mehr Schatten. Kurz nach 17 Uhr war ich oben, hatte nur eine Stunde mehr gebraucht als hinunter. Am Ziel allgemeines Schulterklopfen und Kameraklicken nach zweimal 1200m Höhendifferenz. Ich verdrückte mich unauffällig, nur den jungen Weg-Arbeitern winkte ich noch mal und rief ihnen

einen Dank fürs Wasser zu, stieg in den Shuttle-Bus und war gegen 18 Uhr an unserem Wohnmobil, eine Stunde früher als versprochen. Ursula konnte nur noch staunen, ich hatte viel zu erzählen.
Am nächsten Tag fuhren wir mit den Rädern zum General Store und fanden ein passendes Souvenir: Eine Karte ähnlich unseren Messtischblättern, Maßstab 1:24 000, mit Colorado, Campingplatz, Phantom Ranch und natürlich "meinem" South Kaibab Trail.
Zurück aus der Neuen Welt auf unseren Kontinent, auf den Pluderling-Sattel.
Das Fotografieren wird zu einer Turnübung, weil ich die violetten Blütenpolster als Vordergrund haben will, denn die sitzen direkt vor einer Felswand. Ich muss mich auf den Boden legen und dicht an den Felsen drücken. Es werden vielleicht nicht die schönsten Aufnahmen meiner Wanderung, sie zählen aber sicher zu den farbenprächtigsten. Eine erscheint nach der Rückkehr in einem Artikel unserer Zeitung.
Dass alles Schöne so teuer erkauft werden muss! Schon wieder so ein steiler Schotterhang. Die Stöcke an den Rucksack geschnallt, bewege ich mich auf dem nur fußbreiten Pfad langsam und spinnenartig hinunter, mehr auf allen Vieren als auf den Beinen. Zugegeben, es ist eine gesunde Portion Angst dabei. Lieber viele Minuten eine lächerliche Figur abgeben als in wenigen Sekunden ganz unten. Was sagen die Experten? Eine Stunde Wandern in den Alpen ist todesgefährlicher als eine Stunde Autofahren. Und was schärfte Ursula mir ein? "Komm heil zurück!"
Heute habe ich mal die 1,5-Liter-Flasche nicht gefüllt, - und hatte damit einen guten Riecher. Alle naselang plätschert ein Bach.
Wieder geht es aufwärts, diesmal nicht über griffigen Fels, sondern glitschigen, feuchten, schieferartigen Schotter zum Gschützspitze-Sattel. Bei jedem Schritt rutsche ich ein Drittel Schritt zurück, wie bei einem Kind, das beim Laufen lernen, kaum von den Knien aufgerichtet, wieder zu Boden plumpst. Um 15 Uhr 40 bin ich oben, einem furchtbar schmalen Grat. Der Wiesenhang rechts geht ziemlich steil hinunter.
Die Landschaft ist baumlos, besteht aus Geröllhalden und Wiesenhängen, die eine weite Sicht erlauben. Aber der Himmel ist düster.

Später sehe ich auf meinen Dias, dass ich hier schon mein Tagesziel hätte ausmachen können, das drei Kilometer entfernte Tuxer-Joch-Haus und den Weg hinauf. Dahinter am Horizont der Hintertuxer Gletscher. Jetzt weiß ich noch nicht, wo dort hinten meine Route verläuft.
Im Osten wird es dunkel und grummelt, ein Gewitter zieht auf. Nach bisherigen Erfahrungen sollte es nach einigen Minuten vorbei sein, aber der Regen verfolgt mich bis zum Ziel.
Den Poncho heraus! Zu spät! Ich bin schon nass. Es hagelt, blitzt und kracht. Wegen des Gewitters gehe ich in die Hocke. Mit Rucksack ist diese Stellung jedoch nicht lange zu halten, die Knie schmerzen. Was nun? Schmerzende Knie oder von vielen Millionen Volt gegrillt? Es wäre doch leichtsinnig, hier oben auf dem Grat den Blitzen einen 1,85 Meter langen Ableiter zu bieten, der außerdem zu 60 Prozent aus Wasser besteht. Da ertrage ich lieber die schmerzenden Knie.
Das Gewitter verzieht sich, der Regen bleibt. Die Schuhe werden nicht nur vom Regen, sondern auch durch das hohe Gras nass. In Serpentinen geht es den Hang hinab, irgendwie muss ich doch weiter!
Auch das noch! Eine Herde Schafe kommt gehoppelt, die anscheinend allesamt unter mein Regenkappee will. Die sehen in mir den guten Hirten. Gewiss, sie beißen nicht, stechen nicht, können mich nicht auf die Hörner spießen, doch sind sie lästig, weil sie mir beharrlich hinter meinem Rücken auf Tuchfühlung folgen. Drehe ich mich um und drohe mit dem Wanderstock, bleiben sie nur stehen und sehen ruhig meinen Fuchteleien zu. Gehe ich weiter, sind sie wieder dicht hinter mir.
Unten im Tal merken sie wohl, dass sie keinem guten Hirten folgen. Ich bin sie endlich los.
Um 18 Uhr erreiche ich durchweicht das Tuxer-Joch-Haus. Froh, nun im Trockenen zu sein, ist der Empfang des Wirts aber wenig freundlich. Er kritisiert erstens meine Alleintour, zweitens, dass ich von der Lizumer Hütte längst hätte hier sein müssen, “Du hast getrödelt!” Nun gut, ich habe mir Zeit gelassen, ab und zu gerastet, fotografiert. Außerdem weiß der Wirt nicht, dass ich zur Not auch im Freien schlafe.

Der erste Einwand wiegt schwerer. Recht hat er, ein Sturz, ein Knochenbruch, und mein Schicksal wäre besiegelt. Mit dem Funktelefon erreicht man in den Tälern oft kein Netz. Nicht zu vergessen auch die Suchmannschaft der Bergwacht, die mich unter Umständen bei Nacht und Nebel aufspüren und in den nächsten Ort tragen müsste.
So eine Gebirgswanderung würde ich nicht mehr allein unternehmen.
Ich erlaube mir wieder mal den Luxus eines Zimmers, alles in Holz, bäuerlich stilvoll eingerichtet. Regenkappee und nasse Kleidung trocknen im Gastraum an der Heizung. Man bringt mir Kaloriennachschub, eine dampfende Suppe, Wiener Schnitzel, ein Bier dazu, dass mir nun pudelwohl ist und mir der nahe liegende Entschluss kommt, hier etwas länger zu bleiben.
Endlich kann ich Ursula anrufen, habe guten Empfang.
Es ist wohl hier und auch weiter südlich in Italien üblich: Bettdecken sind für Liliputaner, nur eineinhalb Meter lang. In der ersten Nachthälfte hat man warme Füße und verkühlt sich die Brust, in der zweiten zieht man die Decke hoch und hat kalte Füße.
Der nächste Tag ist ein Sonntag, das Frühstück sieht aber nicht so aus, wenig Kaffee, keine Wurst, ein Winzigpäckchen Schmelzkäse. Es wäre verständlich, wenn der Lebensmittelvorrat mit dem Hubschrauber gebracht werden müsste, aber dieses Haus ist von Hintertux aus mit einem Allradauto zu erreichen, es steht im Hof.
Der große Wintergarten an der Südseite des Hauses ist der rechte Platz, um Tagebuch zu schreiben, nicht allein, heute am Sonntag sind viele Gäste hier, darunter auch Mountainbiker. Drüben der Gletscher ist etwas gelblich vom Saharastaub, den ein Fön hergeblasen hat. Skifahrer als winzige schwarze Punkte auf der hellen Fläche. Ich glaube sogar die Friesenbergscharte am Horizont ausfindig machen zu können, meine nächste Hürde. Ein Gleitschirmflieger schwebt hoch im Himmelsblau.
Längere Aufenthalte in Hütten kann ich mir nicht mehr leisten. In vielen kann man nicht mit der Karte bezahlen, weil der Draht zur Bank fehlt. Mein Vermögen beträgt nur noch 160 Euro, und der nächste Geldautomat ist wahrscheinlich erst in Italien, in Pfunders. Am Nachmittag Beratung meines Bargeld-Problems mit dem Wirt.

Auch hier nützt die Karte nichts. Da kann man froh sein, dass man an ihr nicht viel zu tragen hat. Im Tuxer Ferner-Haus und am Schlegeis-Speichersee, meine nächsten Stationen, sind keine Geldautomaten, aber in Hintertux, 1,5 Stunden Fußweg. Jetzt noch hin und zurück? Dann müsste ich auf das Abendessen verzichten und käme erst gegen 22 Uhr zurück. So ein Mist! Warum habe ich nicht heute früh den Wirt gefragt? Den ganzen Tag hätte ich Zeit gehabt.

Schon im Bett, entscheide ich spontan, noch einen Tag zu bleiben, morgen geruhsam und ohne Rucksack nach Hintertux zu wandern, Geld zu holen, mir den Ort anzusehen, und nachmittags zurück zu kommen. Also raus aus dem Bett und runter zum Wirt. Er ist damit einverstanden, mein Zimmer Nummer zwei lässt er mir eine weitere Nacht. Nach diesem erfolgreichen Vertragsabschluss gönne ich mir noch ein Bier und telefoniere noch einmal, weil der gute Empfang dazu verführt, mit der Heimatstation.

Am nächsten Morgen wird die Hellhörigkeit eines Holzhauses deutlich unter Beweis gestellt. Schon kurz nach fünf krakeelt und poltert die Mannschaft in Zimmer drei nebenan, als würden sie in einem Streit die Möbel zerdeppern, für mich nicht allzu ärgerlich, weil ich bei dem sonnigen Wetter ohnehin früh aufstehen wollte. Die Uhrzeit weiß ich wieder, beim Fummeln mit dem Funktelefon stieß ich zufällig auf die Uhrfunktion. Als Krönung aller technischer Finessen erscheint sogar eine SMS meines Bruders aus Schweden auf dem Bildschirmchen. Das hätte man sich vor nur zwei Jahrzehnten nicht träumen lassen.

Eine breite Kluft zwischen Kargheit und Hochtechnologie erfuhren wir damals in den USA in der Wüste Arizonas, wo wir Christa aus Nürnberg trafen. Sie hatte vor einigen Jahren einen Navajo-Indianer geheiratet und lebte seitdem mit ihm und dreijähriger Tochter in einem "Hogan", einem ursprünglichen Wohnhaus der Navajos. Der halbkugelige Bau von etwa sechs Meter Durchmesser, einem Iglu ähnlich, ist aus waagrecht aufgeschichteten Stämmen, außen mit Lehm beschichtet. Zehn km von der nächsten Straße entfernt steht er ohne Nachbarn, Leitungswasser und Netzstrom im Wüstensand. Umso überraschender für uns, dass Christa Funkkontakt zu ihren Eltern in Nürnberg hatte.

Der Wirt des Tuxer-Joch-Hauses verrät mir beim Frühstück, dass das Wetter morgen schlecht werden soll, schon früh soll es regnen. Ich könnte doch deshalb nach dem Geldabheben von Hintertux aus mit der Seilbahn zum Gletscher hoch, käme heute noch zur Olpererhütte. Das ist mir aber zu stressig, außerdem wäre es ein ungutes Gefühl, erst um zehn oder elf am Gletscher zu sein. Ich bleibe bei meinem Plan. Sollte es morgen regnen, bleibe ich noch einen Tag.

Bei strahlender Sonne geht es leichtfüßig, weil ohne Rucksack, ins Weitental hinunter, aus dem ich vorgestern gekommen bin. Unten am Schilderpfahl klemme ich die 3D-Kameras fest, lege das sechs Meter lange Fernauslöse-Kabel aus, setze mich möglichst fotogen auf den Felsen und drücke versteckt hinter meinem Rücken die Taste. Die Dias sind gelungen, wie sich später herausstellt.

Hier am Pfahl muss ich meinen Herweg verlassen, mich rechts halten durch das enge Tal des Weitentalbachs, wo es auch einmal einige Meter mit Drahtseilen gesichert steil hinuntergeht. Auch der Schleierfall verführt zu Fotos, der Wasserfall mit Steg und Bank als Vordergrund ist einfach zu reizvoll. Weiter geht es durch einen Wald, bis ich kurz vor Mittag Hintertux erreiche. Riesige Hotelkomplexe bestimmen das Stadtbild, die von weitem nicht aufgefallen sind. Ich mache ein Foto von einem mehrstöckigen Parkhaus, formatfüllend, einem einzigen Hotel zugehörig.

Der Bankautomat spuckt ohne Probleme 400 Euro aus, sogar kostenlos, wie ich zunächst annehme. Nichts da! Daheim eröffnen die Kontoauszüge, dass jedes Geldzapfen vier Euro kostet. Nur ein winziger Laden, der um zwölf schließt, versteckt sich zwischen den Prachtbauten. Was soll hier auch ein Supermarkt? Es gibt nur wenige Einheimische, Hotels werden von Großisten-Lkw beliefert, ihre Gäste sind rundum versorgt von A bis Z, von Ansichtskarte bis Zahnstocher. Auf die letzte Minute kaufe ich ein Päckchen Tabak und Streichhölzer.

Zurück zum Tuxer-Joch-Haus nehme ich einen anderen Weg weiter südlich, landschaftlich nicht minder schön.

Der Wirt ist etwas verschlossen, sagt mir weder seinen Vor- noch Nachnamen, als ich ihn frage, wie ich ihn anreden darf. Eine ausliegende Bergsteigerzeitung verrät sie mir. Merkwürdig deshalb,

Friesenberg-See und -Hütte

dass er mir beim Verlassen des Hauses hinter dem Fenster zuwinkt, und doch rührt es mich.
Wider Vorhersage ist das Wetter nicht schlecht. Es geht zunächst abwärts zur Seilbahnstation Sommerberg, wo schon jetzt früh um acht Massen von Skifahrern in die großen Gondeln drängen, in denen mehr als ein Dutzend Platz finden. Für 7 Euro 20 schwebe ich hoch zum Tuxer-Ferner-Haus, löse mich wieder aus den Menschenmassen und laufe hinunter zum Spannagelhaus.
Ein deutlicher Schritt vom hektischen Gewusel und Geschnatter der Touristen in der engen Gondel mit Tuchfühlung zu Skimoden an allen Seiten, Sonnencreme-Duft inbegriffen, in die Schweigsamkeit der schwarzen Felsen, in den jungfräulichen Schnee. Ich bin wieder allein, der Kopf wird frei, die Gedanken ordnen sich.
Es beginnt das Abenteuer der Friesenbergscharte, schmale Stege über wilde Sturzbäche, die Felsen aufwärts. Der Himmel ist fast zu mit Wolken und verleiht der Umgebung mit dunklen, steilen Felswänden und Schneeflächen etwas Dramatisches. Der Hölle näher als dem Himmel glaubt man sich als armer Sünder auf mühsamer Wallfahrt weit oben im Spalt zwischen dunklen Wolken und schwarzem Fels.
Um 10 Uhr 30 bin ich oben, treffe auf Bekannte aus dem Tuxer-Joch-Haus und einen Blechkasten mit Stempel, mit dem man nachweisen kann, den höchsten Punkt der Strecke München-Venedig mit 2910 Metern erreicht zu haben. Mir ist so ein Dokumentationseifer fremd. Wer nicht glaubt, dass ich hier oben war, soll´s bleiben lassen. Fleißige Wanderer wurden früher in Vereinsfeiern mit Stockringen geehrt, die sie mit Sammlerstolz an ihre Wanderstöcke nagelten. Wurde die Leistung höher bewertet als das Erlebnis?
Dass sich das Bild des Wanderers und seine Motive tatsächlich geändert haben, zeigen die Umfragen des Deutschen Wanderinstituts der Universität Marburg. Die Kilometerfresser, mit Karohemd, Kniebundhosen und feuerroten Strümpfen scharenweise im Frühtau zu Berge ziehend, sterben langsam aus und machen Genießern Platz, die mit Freunden auf eigene Faust über mittlere Strecken dem Alltagsstress entfliehen.
Wahrscheinlich hat der Wirt meinen gelben Rucksack mit dem

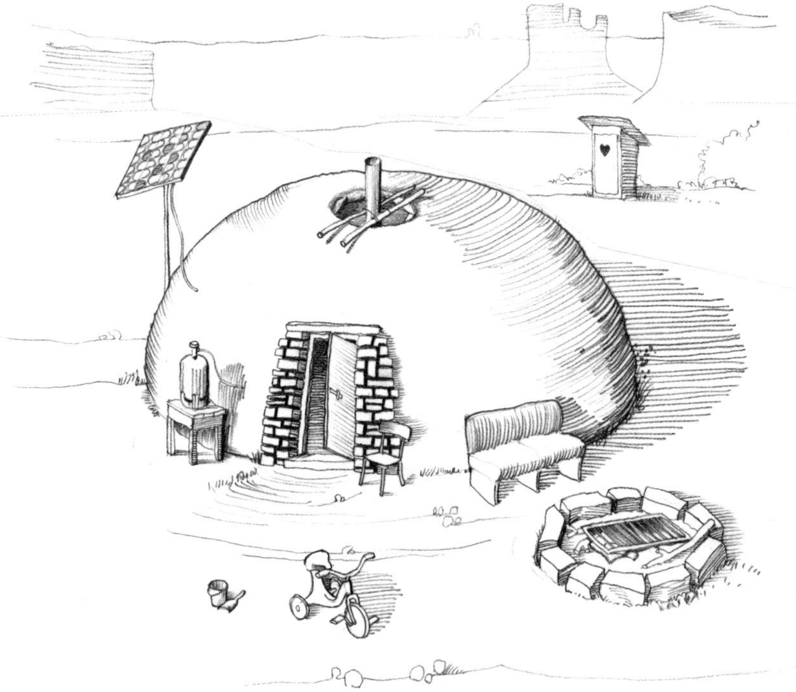

Christas Hogan – von außen

– und von innen

Fernglas verfolgt. Ab hier kann er mich nicht mehr sehen, denn auf der anderen Seite der Scharte geht es fast senkrecht hinunter. Kein Pfad ist zu erkennen. Soll ich wundersam an der Senkrechten längs wie Jesus übers Wasser? Dann entdecke ich doch zwei Wanderer weit vorn in einigen hundert Metern, die unmöglich an der Wand kleben können sondern irgendetwas Waagrechtes unter den Füßen haben müssen.

Es wird nicht so schlimm. Schritt für Schritt habe ich tatsächlich immer einen kleinen Absatz für die Füße, an einigen Stellen für die Hände ein Stahlseil, mit weißem Kunststoff ummantelt. Die Stöcke an den Rucksack gebunden, bewege ich mich im Schneckentempo, stets zur Bergseite geneigt, hin und wieder auf allen Vieren.

Im Wanderführer gibt es auf der Karte in Richtung Schlegeis-Stausee eine "Friesenbergalm (verf.)". Sollte es eine Ruine sein wie die Johannestalalm mit halbwegs dichtem Dach? Nach dem Komfort der letzten Nächte juckt es mich, ohne alle Zwänge und Regeln im Heu einer Almruine zu schlafen. An der Gabelung gehe ich deshalb nicht weiter zur Olpererhütte sondern nach links um den Friesenbergsee herum, am gleichnamigen Haus vorbei. Der Pfad ins Tal ist bequem, aber felsig. Die Sonne ist hinter dunklen Wolken verschwunden, die Wasserfälle am Weg wären ein schöner Anblick, wenn sie nicht von grauen Nebelschwaden verhüllt wären. Hoffentlich verpasse ich nicht im Dunst die verfallene Alm. Es beginnt zu regnen. Ein Stück Dach käme jetzt gerade recht.

Kurz vor drei taucht sie im Nebel auf, funkelnagelneu! So neu, dass das Holz noch hellgelb ist. Und sie ist verriegelt und verrammelt. Nichts ist mit Schlafen im trockenen Heu!

Im Dauerregen muss ich weiter zum Stausee hinunter und zum nächstmöglichen Quartier, der Dominikushütte. Im Gastraum Frage an die junge Frau hinter dem Tresen: "Haben Sie noch …?" Weiter komme ich nicht. Aggressiv keift sie zurück: "Was haben wir – was haben wir?" O heiliger Strohsack, muss die schlecht gelaunt sein! Geduldig und höflich frage ich weiter nach einem Nachtquartier, wegen des Regens wäre es für mich schon notwendig. Nicht viel freundlicher trifft mich die knappe Antwort: "Als Einzelperson kriegen Sie kein Zimmer, sondern ein Lager, und zwar Nummer 13." Was nun? Ich bin immer noch nicht abergläubisch und sehe

mir das Lager Nummer 13 im oberen Stockwerk an, aber soll man sich diesen Empfang bieten lassen? Vielleicht kippt sie mir noch Bier über den Hut, stellt die Dusche auf kalt, legt mir Reißnägel ins Bett. Nein, mit kurzem und schlichtem Gruß gehe ich an ihr vorbei zurück in den Regen.
Aber wohin? In den Wald? Da ist jetzt alles nass. Wieder nichts!
Einen Steinwurf weit um den See herum ist der Gasthof Zamsgatterl. Die nette und hübsche Wirtin hat keine Gästezimmer, würde mich aber gern auf dem Fußboden schlafen lassen, wenn sie nicht nach dem letzten Gast das Gasthaus zuschließen und verlassen würde. Verständlich, dass sie mich hier nicht allein wurschteln lässt. Da hätte ich mich über ihre Fläschchen und Fässchen hermachen können. Wieder nichts!
Sie schlägt vor, noch eineinhalb Stunden zum Pfitscher Joch anzuhängen. Ich gehe auf diesen Vorschlag ein, nicht weil ich so hübsch und charmant beraten worden bin, sondern weil mir einfach nichts anderes übrig bleibt.
Ganz in der Nähe steht zwar noch ein offenes Kapellchen, aber man sollte doch vermeiden, dass Gläubige zur frommen Einkehr über einen im Schlafsack eingemummelten Pilgersmann steigen müssen. Hätte ich ihr Gebet mit meinem Schnarchen untermalen sollen? Wieder nichts!
Mal sehen, wo ich heute noch lande. Mein Marsch führt in Richtung Pfitscher Joch den Zamser Grund hoch. Das Regenkappee tut wieder gute Dienste. Die Wetterprognose des Wirts vom Tuxer Joch bewahrheitet sich. Es regnet immer stärker.
Es gießt wie aus Kübeln, blitzt und donnert, als ich ein kleines, solide und neu gebautes Holzhaus erreiche, die Lafitz-Alm. Einladend leuchten die Fenster in der Dämmerung. Ich steige die Holztreppe hoch, ziehe erleichtert unter dem Vordach den Poncho herunter, steige aus den nassen Schuhen. Wie selbstverständlich bittet mich eine junge Frau in die Wohnstube und bewirtet mich. Sie und ihre Familie aus Meran bewirtschaften im Sommer Jahr für Jahr verschiedene Almen, ihr Hobby und Nebenberuf. Die Milch wird hier verarbeitet, weil sie nicht transportiert werden kann. Alles und wirklich alles, von der Zahnbürste bis zur Marmelade, muss in Kraxen vom Pfitscher Joch herunter getragen werden. Sie haben es

mal mit Maultieren versucht, aber der Weg ist zu felsig.
Draußen tobt das Unwetter. Das Paar muss noch einmal hinaus in Ponchos und Gummistiefeln die Kühe zusammen treiben und melken. Ich finde es sehr behaglich hier an der Heizung, kann lesen und Tagebuch schreiben, während die Frau später mit ihrem Sohn und seinem Freund würfelt.
Wie machen sie das nur? Die Heizung ist elektrisch und es ist überall reichlich warm, auch an elektrischem Licht fehlt es nicht fern jeglicher menschlicher Behausung. Des Rätsels Lösung ist eine Turbine mit Generator in einem stark strömenden Bach in der Nähe.
Was ist nun in der Nacht? Bescheiden frage ich, ob ich in einem trockenen Raum auf dem Fußboden schlafen darf. Ich darf, wenn das Unwetter bleibt.
Es bleibt. Es blitzt, kracht und schüttet ohne Ende. Also im Flur die Leiter hoch durch eine Luke auf den etwa einen Meter hohen Dachboden. Hier ist die Käsekammer, hier liegt auch eine weiche Matratze, am Firstbalken eine Glühbirne. Mein Schlaf ist gesichert im Käseduft.
In der Nacht schneit es! Wohlgemerkt, es ist Juli, gestern war der erste.
Es gibt Frühstück mit Kaffee, Weißbrot, viel Butter, Marmelade. Man zahlt gern dafür, die Nacht wird nicht berechnet.
Gegen 7 Uhr 30 Aufbruch durch den Neuschnee zum Pfitscher Joch. Kurz darauf links im Tal eine Almhütte. Das passt mal wieder, warum habe ich sowas nicht gestern gefunden? Schnell weiter, lass sie links liegen! Wäre sie nicht verschlossen, gar mit Heu, würde es mich noch mehr ärgern.
Kurz vor dem Joch in wärmender Sonne eine Pause auf einem Felsen. Das Wetter ist kaum glaublich schön nach dem Unwetter gestern. Am Bach putze ich die Zähne, bin mit der Welt im reinen. Hätte ich hier schon gewusst, dass jetzt Halbzeit ist, was sich natürlich erst nach der Rückkehr ermitteln ließ, hätte es mich noch mehr gefreut.
Inmitten der glitzernden Schneepolster fällt mir meine Skikarriere ein, kürzer als kurz. Im Winter 1967 fuhr unsere ganze Familie im Käfer nach Österreich in ein Hotel in Sankt Johann im Pongau. Die Wirtsleute hatten zwei Töchter, eine hübscher als die andere, ledig

und in einem für das andere Geschlecht anziehenden Alter. Ihre Mutter kam eines sehr frühen Morgens zu uns, meinem Bruder und mir, ins Zimmer gestürmt auf der Suche nach ihrem jüngeren Töchterlein, das wohl in der Nacht ausgebüxt war. Wir lagen noch im Bett, aber nicht zu dritt, und die Mutti schlug die Tür wieder zu und verschwand.
Am ersten sonnigen Tag zogen wir zwei los. Mein Bruder hatte schon eigene Ski, ich lieh sie mir in einem Sportgeschäft am Ort, noch mit einer Gurtbindung um die Fersen. Ich war etwas skeptisch, hatte deshalb noch keine Ski gekauft, aber meine Eltern überredeten mich, es sei doch ein herrlicher Sport. Auf dem Idiotenhügel rutschte ich mehr schlecht als recht herum, der Bruder hatte schon mehr Übung.
Wir waren die letzten, die am Nachmittag in der Dämmerung talwärts fuhren, mein Bruder außer Sicht voraus. Der Schnee war feucht und schwer geworden im Laufe des Tages. Ich hatte vergessen, für den Heimweg die Bindung von "Abfahrt" auf "Langlauf" umzustellen, geriet mit beiden Skispitzen in eine Schneewehe am Wegrand, schlug der Länge nach vornüber, höllische Schmerzen in den Fußgelenken. Aufgerappelt, löste ich die Ski von den Füßen, nahm sie auf die Schulter und marschierte weiter abwärts, aß verzweifelt Schnee, um mich abzulenken. Ich weiß nicht mehr, wie weit ich unter furchtbaren Schmerzen gewankt bin, bis ich das erste Wohnhaus erreichte. Man ließ mich ein, ließ mich setzen, rief meine Eltern an. Welch eine Erlösung, sie kamen im Auto, ich musste nicht mehr laufen. Umgehend ging`s zum Krankenhaus Schwarzach. Die Schuhe wurden mir vorsichtig von den Füßen gezogen. Die Röntgenaufnahmen ergaben das Schlimmste: Bruch beider Fußgelenke.
Wenig tröstlich, dass die Ärzte von einem Bruchwetter sprachen. Ich war an diesem Tag ein Patient unter vielen. Im Krankenhaus verbrachte ich den restlichen Urlaub, der jedoch durch meine zwei jungen Zimmergenossen nicht langweilig wurde, brachten sie doch gern ihr heimatliches Liedgut zum Besten, rhythmisch begleitet auf Urinflaschen. Daheim balancierte ich einige Wochen auf zwei Gipsfüßen. Mein Lebtag aber stand ich nie mehr auf Skiern.
Zwischen den schmelzenden Schneeflächen des Pfitscher Jochs

überschreite ich die Grenze nach Italien. Donnerwetter, ich habe Österreich zu Fuß durchquert, wenn die kurzen Autofahrten und die Seilbahn zum Tuxer Gletscher außer Acht bleiben.
Auf dem Schotterweg hinunter nach Stein kommt mir ein Taxi entgegen und hält. Ein Wanderer steigt aus und begrüßt mich wie einen alten Bekannten. Ich hatte ihn im Tuxer-Joch-Haus kennen gelernt. Die Welt ist klein. "Ist das nicht ein wunderschönes Bild?" Er weist hinunter in das Pfitschtal. Wirklich, der Blick ins grüne Tal auf die sonnenbeschienenen kleinen Weiler Stein und St. Jakob begeistert. Links die grau-weißen Gipfel des Roten Beil und der Felbesspitze. Ich glaube aber, die Umgebung zu Fuß intensiver zu erleben als er in seinem Taxi.
Mir kommt eine Gruppe entgegen, die den Weg München-Venedig umgekehrt macht. Sie empfehlen mir zur Übernachtung die Heuscheune in Dun. Aber das ist doch nichts gegen meine Nächte im Heu, romantisch, abenteuerlich und sehr preiswert, um genau zu sein kostenlos! Auch am Wiesenweg nach Stein hinunter steht so ein Schober mit Heu, ich muss aber dringend duschen, bevor sich wegen meines Schweißgeruchs Fliegen auf mich stürzen und Mitmenschen Reißaus nehmen.
Wie daheim noch geplant, die ganze Strecke wieder zurück zu laufen, wollte ich mich in Bächen und Seen waschen und nur im Freien oder in Scheunen schlafen, vielleicht sogar auf Gaststätten oder Hütten ganz verzichten. Möglich wäre es, wenn man den Proviant in den Orten am Weg kauft und bei Regen unter dem zu einem Zelt aufgespannten Poncho schläft, sofern man keinen Heuschober findet.
Aber so viel Askese will ich mir doch nicht antun. Die Speisekarte, die warme Dusche, das bequeme Bett sind zu verführerisch.
In Stein hängt an der Tür der Pension Bartlhof ein Schild "Bin um 13 Uhr zurück", deshalb gehe ich eine Straßenecke weiter in den Gasthof Stein. Das Mädchen bittet mich, zum Zimmer hoch die Schuhe auszuziehen und in der Hand zu tragen. Mache ich, mache ich! Es ist aber bei diesem alten Gemäuer mit vorsintflutlichen Holzdielen eigentlich nicht nötig.
Toilette und Dusche sind zwei Zimmer weiter. Die Dusche ist eigentlich keine Dusche, sondern eine alte Guss-Badewanne mit

Prankenfüßen und Zwei-Ventil-Armatur ohne Duschstange und ohne Vorhang. Es schmeißt mich fast um, als nach einigen Minuten wirklich warmes Wasser kommt.
Meine wackelige Zimmertür lässt sich nicht abschließen. Sind Kriminelle in dieses abgelegene Alpental noch nicht vorgedrungen? Oder wird im Sinne eines erfüllten Ferienaufenthalts der nächtliche Kontakt der Gäste untereinander gefördert? Soll dem jungen Mädchen Gelegenheit gegeben werden, nächtens mit Wanderern Erfahrungen auszutauschen? Würde es vielleicht im knappen Negligé in mein Zimmer treten und mich fragen, ob ich katholisch oder evangelisch bin? Schluss mit solchen Gedanken! Das Haus ist einfach renovierungsbedürftig, basta!
Nachdem in der Lafitz-Alm mal wieder kein Empfang war, setze ich jetzt über das Festnetz auf unsere Mailbox eine Nachricht an Ursula ab.
Sie war bis dahin in großer Sorge, rief zuerst beim Tuxer-Joch-Haus an und erfuhr, dass ich zur Friesenbergscharte aufgebrochen bin, dann logischerweise bei der Olpererhütte, nächste Station auf dem üblichen Weg. Hier war ich aber nicht, weil ich auf der Suche nach der angeblich verfallenen Friesenbergalm zum Stausee hinunter abgebogen bin. Beim Friesenberghaus bekam sie die gleiche Antwort. Da bin ich zwar vorbeigelaufen, aber nicht eingekehrt. Um sie völlig in Panik geraten zu lassen, hörte sie vom Wirt der Dominikushütte, dass ich kurz dort war, aber ohne Erklärung zurück in den Regen marschiert bin. Sie rief dann noch einmal beim Tuxer-Joch-Haus an und am nächsten Tag wieder bei der Dominikushütte, um zu erfahren, welchen Weg ich genommen haben könnte.
Am selben Tag noch notierte sie: "Mailbox 17.10 Uhr abgehört. Horst war 13 Uhr in Stein. Es ist alles in Ordnung, er ruft wieder an. Welch ein Glück!" Diese zwei Tage waren für Ursula vermutlich schlimmer als bei mir irgendeine Zeit meiner Tour.
Die Hüttenwirte scheinen solche Nachforschungen besorgter Angehöriger öfter zu erleben. Zum Glück ruft in meinem Fall keiner die Bergwacht.
Nach einem Spaziergang mit der Fototasche durch den Ort verkrieche ich mich in die Koje und schlafe bis zum Abendessen. Im

Gastraum sind wir nur zu viert, den pensionierten Oberstaatsanwalt kenne ich noch vom Tuxer Joch, irgendwie trifft man sich immer wieder.
Sparsamkeit allenthalben. Auch eine Speisekarte gibt es nicht, sondern nur ein Gericht, Wiener Schnitzel, Röstkartoffeln und eine große Salatschüssel.
In diesem Sinne ist auch die Bettdecke, wie gehabt, nur eineinhalb Meter lang. Das heißt, dass es wieder eine Nacht wird in abwechselnden Perioden von kalten Füßen oder kaltem Oberkörper.
Wider Erwarten gibt es um acht ein gutes Frühstück mit gekochtem Ei, Quark, Joghurt. Aber 42 Euro sind reichlich, wenn man an den Zustand des Hauses denkt. Sie müssen wieder bar beglichen werden.
Die gestern Nachmittag ausgespülte Wäsche ist fast trocken, nur die Socken noch nicht. Sie hängen nun außen am Rucksack. Dürfen wir trockenes Wetter erwarten? Nein, der Himmel ist verdächtig grau.
Den Ort zurück gelassen, mache ich an einem Bach Pause, trinke davon, schrubbe die Zähne. Die in der Karte verzeichneten Unterberghütten oben im Wald sind verfallen, die eine oder andere wäre aber nach etwas Aufräumarbeit zum Schlafen geeignet. Man glaubt sich vom Pech verfolgt, wenn man früh morgens auf ideale Nachtlager trifft, die man zur Schlafenszeit vergeblich sucht.
Der Weg im Unterbergtal ist schlecht beschildert. Ein betagter Bauer kommt mir entgegen und zeigt, wo es längs geht. Auch weiter oben bei den ersten Schneefeldern irre ich fast eine halbe Stunde herum, bis die rot-weiße Markierung wieder auftaucht.
Die 2644 Meter hohe Gliederscharte ist noch nicht erreicht, als mich ein fürchterliches Unwetter trifft, das schlimmste auf der ganzen Wanderung. Mehrere Gewitter entladen sich gleichzeitig mit Urgewalt über mir. Ich sitze auf meinem Rucksack unter dem Poncho, mal wieder zu spät ausgepackt, auf den nun erbsengroße Hagelkörner prasseln. Dann regnet es, und als wäre es damit noch nicht genug, schneit es. Ich fühle mich null und nichtig in diesem Inferno, ein Häuflein einsames, frierendes Elend.
Da wird jeder, sei er auch noch so abgehoben vom Alltagsgeschäft, fern den Sorgen einfacher Leute, hinunter geknüppelt auf den

Boden. Hier wird auch einem Topmanager, Spitzenpolitiker, Medienstar bewusst, dass er im Bruchteil einer Sekunde von einem Blitz zu einer verschmorten Mumie, zu einem Nichts werden kann. Mit einem Schlag können alle Beziehungen, alle Habseligkeiten, alle Vorkehrungen bedeutungslos werden.

In dieser Hölle kommt unsere gesamte menschliche Existenz gedanklich auf den Prüfstand. Warum gibt es uns? Sind wir ein Ausrutscher der Evolution? Versinken wir schließlich ins Nichts, weil unsere Menschheitsgeschichte im Vergleich zum Zeitmaß des Weltalls wie ein Millisekunden-Aufblitzen im Dunkeln ist?

Denn was ist da noch außer Fleisch und Blut, überwiegend aus Atomen bestehend, die nach dem Urknall beim Zusammenbacken der Sterne entstanden sind? Ein genetisches Programm, das dem eines Menschenaffen fast gleicht, ein Hirn, das die Grundrechenarten und die banale Logik von Ursache und Wirkung versteht, aber schon mit der Vorstellung des Universums überfordert ist.

Was bleibt von mir? Mit der Geburt bekommen wir unser Todesurteil, das jederzeit und unerwartet vollstreckt werden kann. Bleibt mir noch eine Reihe an Jahren? Ich würde sie an den Fingern abzählen können. An meinem Ende werde ich – nein, nicht in die Bedeutungslosigkeit versinken. Medizinstudenten werden an mir herumschnippelnd meine Anatomie erkunden bis es vielleicht heißt: “Schluss jetzt, lasst noch etwas für den Ofen!”

Wird in ferner Zukunft ein Kind dieses Buch im Bücherschrank finden und neugierig meine Zeichnungen betrachten? Dann wäre doch noch etwas von mir armen Wurm geblieben.

Warum aber freue ich mich? Freue mich, dass das Gewitter endet, dass unten am Grindler-See wieder dic Sonne scheint, freue mich über die winzigste Blüte im Gras, freue mich auf die Heimfahrt, auf Daheim. Warum kann ich Glück empfinden? Hat unser Dasein doch einen tieferen Sinn, einen Plan, einen Anlass?

Doch sehe ich auf meiner kurzen Wanderschaft zwischen Geburt und Tod kein von Anbeginn festgeschriebenes Ziel, sondern die Möglichkeit, aus eigener Kraft im Labyrinth den eigenen Weg zu suchen und zu finden, auf dem ich die Welt erleben und mich gemeinsam mit meinen Mitmenschen an ihr erfreuen darf.

Oder ist doch alles vorbestimmt, wie manche Neurowissenschaftler

vermuten? Immer diese Zweifel!
In Gedanken stapfe ich durch den Schnee über den Grat, die Wolken reißen auf und die Sonne sieht ein kleines Etwas mit Rucksack den Grindlersee umrunden.
Die folgende Nacht bin ich in der Oberen Engbergalm, erreiche jedoch zuvor oberhalb eine verfallene Almhütte mit Heu und einem teilweise dichten Blechdach. Aber der betagte Senner im Stall erlaubt mir nicht, dort zu nächtigen, weil das Heu zu alt und die Hütte zu baufällig sei. Ich dürfte aber in seiner Alm mit drei Enkeln in der Dachkammer schlafen. Sechs Matratzen liegen dort oben, von denen ich mir eine aussuchen kann. Die Buben sind damit einverstanden. Sie helfen ihrem Großvater bei der Arbeit, spielen aber lieber mit ihrem Gameboy und lesen Comics, auch abends auf ihren Matratzen mit der Stirnlampe. Opa macht noch richtig Feuer im Ofen, hat aber auch einen Propankocher. Hier braucht wohl nur die Melkmaschine Strom, den ein Generator im Schuppen erzeugt.
Im Hof liegen zwischen gestapelten Balken eine Zange und Draht. Endlich kann ich die Sicherungsösen am Rucksack ersetzen, die sich immer in den Kleidern verhakt haben.
Auch das Comic-Lesen scheint zu ermüden, es wird eine erholsame Nacht zu viert, auch ohne Bier am Vorabend. Zum Frühstück esse ich nur einen Apfel. Erleichtert, ein trockenes Quartier zu haben, wollte ich den Senner nicht nach Abendbrot und Frühstück fragen. 15 Euro drücke ich in die schwielige Hand, fünf für jeden Jungen, aber er gibt mir zehn zurück. Hier scheinen keine Beherbergungs-Tarife zu gelten.
Meine Wäsche draußen auf dem Balkon ist durch den dicken Nebel nicht trockener geworden, sie muss wieder am Rucksack baumeln. Über die nebelnasse Alm – die Schuhe werden mal wieder durchfeuchtet – stapfe ich hinunter zur Lappa-Alm, verlassen und verschlossen. Nach meinem Gefühl wäre ich an der nächsten Kreuzung nach links gegangen, zweifle aber ein bisschen und hole den kleinen Kompass heraus, die Sonne versteckt sich hinter grauen Nebelschwaden und verrät mir nicht die Himmelsrichtung. Siehe da, nach Süden geht es rechts, nach Norden heimwärts.
Bei Sonne halte ich mich an die alte Pfadfinderregel: kleinen Zeiger der Armbanduhr zur Sonne, mittig zwischen kleinem Zeiger und

zwölf ist Süden. Genau genommen könnte man noch die Sommerzeit berücksichtigen. Ich hatte keine Wanderkarten dabei, nur die Karten des Taschenbuchs. Detailgenaue Wanderkarten sind an vielen Hütten ausgehängt und dort zu kaufen. Man müsste also nicht vom Start an einen 400 Gramm schweren Kartensatz mitschleppen. Am komfortabelsten sind wohl GPS-Empfänger, die heute so klein sind wie ein Funktelefon. Inzwischen gibt es bei der Firma Garmin für den Weg von München nach Venedig an die 900 Ortungspunkte. Am Ausgang der Ortschaft Dun weist ein Schild auf das "Duner Heubad" hin. Das haben also die Wanderfreunde vorgestern mit der empfehlenswerten Schlafgelegenheit gemeint.

Um elf erreiche ich Pfunders und kaufe ein, 500 Gramm Vollkornbrot, leider gibt es keine kleinere Packung, drei Äpfel, eine Dose Fisch. Ein Außenstehender mag über den dürftigen Einkauf den Kopf schütteln, aber ich suche stets nach dem geringsten Gewicht und der kleinsten Packung. Man könnte noch rationeller vorgehen und nur "Trockenfutter" wie Knäckebrot, Haferflocken und Dörrobst kaufen, denn Flüssigkeit dazu gibt es an Quellen und Bächen zur Genüge. Und neues Zigarettenpapier ist nötig, nachdem das alte durch die Feuchtigkeit nur noch ein fester Brocken ist.

Die Verkäuferin verrät auf meine Frage, dass ich zum nächsten Fremdenzimmer zum Gasthof Brugger zurück laufen müsste. Nur das nicht! Ich will doch nach Süden über die Alpen und nicht im Zickzack laufen. Außerdem hellt der Himmel auf. Da braucht man kein Zimmer und marschiert weiter. Es geht zunächst etwas langweilig die Straße längs, dadurch werden aber die Schuhe etwas trockener. Schaldern, Weitental und Vorderdrittel sind saubere, blumengeschmückte Orte. Ein Bauer klärt mich auf, dass es den Bewohnern hier gut geht. Straßenschilder sind in Deutsch und Italienisch. Bis weit in die Dolomiten wird noch Deutsch gesprochen, ich habe keine Verständigungsprobleme.

Ein Sprachproblem hatte ich mal bei unserer ersten USA-Reise 1997, als ich in einem Supermarkt nach einer Toilette fragte. Nahe liegend, dass mir zunächst die Abkürzung WC für water closet einfiel. Ich fragte also nach einem water closet. Unverständnis allenthalben! Die Verkäuferin rief Hilfe herbei, Amerikaner sind sehr hilfsbereit, und schließlich diskutierte das ganze Supermarkt-

Personal, was wohl mit water closet gemeint sein könnte. Closet heißt nämlich auch Wandschrank, wie ich später erfuhr. Man suchte wahrscheinlich eine vernünftige Verbindung zwischen Wasser und Schrank. Will der verrückte Deutsche einen Schrank mit eingebautem Wasserfall oder einen, mit dem er paddeln kann? Doch ehe es bei mir zu sehr drückte, kam man darauf, dass ich schlicht und einfach zum Klo wollte. In USA heißt es verschämt rest room, wörtlich übersetzt Erholungsraum.
In Niedervintl im Pustertal angekommen, will ich auch hier keine unnötigen Umwege laufen. Aber meine Kondition wird noch einmal auf eine harte Probe gestellt. Die junge Dame im Touristenbüro des quirligen Ferienorts sagt mir, dass hier kein Quartier mehr frei ist. Ich hätte doch gern wieder ein richtiges Zimmer nach der Nacht bei den Jungs auf dem Dachboden. Das nächste wäre eine halbe Stunde weiter in Obervintl. Nein!
Ich habe mich darauf gefreut, außer einigen Schritten zum Gasthof nicht mehr laufen zu müssen, und jetzt muss ich in den nächsten Ort. Dazu geht es noch an der E68 längs mit viel Verkehr und Industrie rings herum. Um meinen Frust vollends abzurunden, ist das Ziel nach knapp einer Stunde noch nicht erreicht. Weiter müssen die müden Glieder durch Obervintl zu einem Dörfl, das wirklich Dörfl heißt. Nichts fällt mir besonders auf, bis ich durch ein Tor einen Hof im Schatten einer ausladenden Fichte entdecke und im Hintergrund, mit Freisitz unter wildem Wein, ein respekteinflößendes Herrenhaus. Eine Sonnenuhr ziert einen Erker, die Außenwand der Fenster sind dezent bemalt, feuerrote Geranien auf den Brüstungen. An der Hauswand neben einem Wappen "Pension Ansitz Baumgarten" und die Jahreszahlen 1277 und 2000.
Die junge Frau im Touristenbüro hat mich zum Ansitz Baumgarten geschickt, aber darf man verschwitzt und mit staubigen Schuhen wirklich in dieses Schlösschen stiefeln. Verwechsle ich etwas? Ein Ansitz ist doch ein hoher Verschlag im Baum, wo Jäger ungestört ihren Schnaps trinken können.
Kein Irrtum, ich bin richtig. Schüchtern und verstohlen durch die schwere, geschnitzte Pforte getreten, werde ich von Frau Niedermair in der Eingangshalle freundlich begrüßt. Sie lässt mich gleich mit Ursula telefonieren. Es ist angenehm kühl durch die dicken Wände,

"Ansitz Baumgarten" in Obervintl

über mir mächtige bemalte Gewölbe.
Die steinerne Treppe hoch führt sie mich in mein Zimmer Nummer eins. Es ist alles da, sauber und gediegen. Nur der Fernseher steht in einem separaten Raum. Als erstes wird die Wäsche in den geöffneten Schrank gehängt, damit sie nun endlich trocknet. Dann muss ich, als die Abendsonne noch einmal herauskommt, ein paar Dias von diesem im wörtlichen Sinn herrlichen Anwesen machen. Ob ich zu Abend speisen will, fragt Frau Niedermair. Das ist mir ganz recht, weil ich dann nicht mehr auf der Suche nach einem Lokal herumstolpern muss. Ich bin heute genug gelaufen, habe mein Soll erfüllt.
Ich entscheide mich für Schnitzel. Serviert wird aber ein großes Stück Gemüsetorte. Hat die Küche etwas durcheinander gebracht? Nein, das war erst die Vorspeise. Als Nachtisch gibt es einen aufgeheizten Krapfen. Es folgt ein tiefer Schlaf. Warum? Die Bettdecke ist 1,80 Meter lang, die wechselnden Perioden betreffen nur die Zehen und die Nasenspitze.
Später hatte Wanderfreund Mathias eine Erklärung für die kurzen Decken. Die Italiener sind klein, aber warum? Weil die Väter ihren Sprösslingen drohen: "Wenn du groß bist, musst du arbeiten!"
Um 6 Uhr 30 bin ich auf, schreibe Tagebuch, packe den Rucksack. Um acht gibt es ein üppiges Frühstück im Speiseraum. Noch einmal darf ich die bemalte Holzdecke, die holzgetäfelten Wände, antiquarischen Möbel, die alten geschmiedeten Beschläge an Fenstern und Türen bewundern. Jedes Detail dokumentiert die Geschichte dieses Anwesens, das im Mittelalter Gerichtsgebäude der Bischöfe von Brixen war. Es ist mein vornehmstes, komfortabelstes Quartier auf meiner Tour.
Gemessen an anderen Herbergen ist die Zeche mäßig, 44,10 Euro, die ich mit der Karte entrichten kann. Als Zugabe fährt mich der Herr des Hauses nach Niedervintl zurück. Sein Anwesen sei nicht optimal genutzt, sagt er, er würde sich deshalb von einem Architekten beraten lassen.
Im Postamt von Niedervintl geht das zweite Päckchen an Ursula mit belichteten Diafilmen, den Schneescheiben der Wanderstöcke und der Regenhose auf die Reise. Wie in Österreich gibt es auch in Italien Faltschachteln, die die Sache vereinfachen. Weil mir die Filme viel wert sind, bin ich aber etwas besorgt, ob die Sendung in Obernburg ankommt.

Vom Pustertal in die Dolomiten

Aus dem Pustertal steige ich in den Rodenecker Wald auf, kräftezehrend, einige Stunden lang. Unter meiner schweißnassen Schädeldecke kreist die Frage nach der möglichen Bilanz meiner Tour. Ein großer Posten auf der Habenseite wird der Schatz an Erinnerungen sein, den mir niemand nehmen kann und der bis zu meinem Ende vorhalten wird, sofern meine geistige Leistung nicht nachlässt. Wer weiß, vielleicht zehre ich noch im Altenheim von diesen Bildern.

Ein Schatz, dessen Wert allgemein in unserer Geld- und Machtgesellschaft zu niedrig angesetzt wird. Bin ich nicht dem Topmanager überlegen, der zwar über Tausende Mitarbeiter das Sagen hat und ein immenses Gehalt einstreicht, aber nie vom Naviser Joch auf die Tuxer Alpen geblickt oder nie am Rand des Grand Canyon gestanden hat?

Im Arches Nationalpark trafen wir eine deutsche Familie mit zwei schulpflichtigen Kindern, ein halbes Jahr in den USA unterwegs. Wie ist das möglich? “Ich bin zur Schule und habe die Beiden abgemeldet” die knappe Antwort der Mutter. Die Schulleitung hat wohl richtig beurteilt, dass die Kinder bei dieser Reise mehr erfahren, sehen, lernen als in der Schule.

Jetzt muss es mal wieder eine Übernachtung der einfachen Art sein. Oben auf der Höhe finde ich in der Scheune einer verlassenen Alm sogar einen hölzernen, 1,80 Meter langen Bettkasten mit Stroh. Ein Marder hat hier seine Exkremente hinterlassen, die man aber mit einem Brett oder einem Stück Blech beseitigen könnte. Ein Stück den Weg weiter sogar ein kleines Rinnsal, es wäre also auch Wasser da. Ein größeres Problem ist die Tageszeit. Es ist erst 14 Uhr, zum Bleiben zu früh und um das schöne Wetter schade. Am Abend inspiziere ich eine weitere Hütte. Die steht aber voller Holzpfosten und das Dach ist undicht.

Im Bannkreis der Ronerhütte mehr und mehr Spaziergänger, die nach ihrem blassen Aussehen und der piekfeinen Garderobe mit Plateausohlen und Goldsandalen nicht lang unterwegs sein können. Das Rätsel löst sich an der Hütte. Hier parken Autos, die von Lüsen herfahren können. Diesen krassen Gegensatz erfahre ich immer

wieder, einerseits einsames Pilgern, andererseits lärmende Aufläufe an Orten, die mit dem Auto zu erreichen sind.
In Niedervintl habe ich meine Wasserflaschen nicht gefüllt, werde aber diesmal nicht vom Pech verfolgt, treffe auf viele Quellen und Bäche. Es ist ein schöner, wenig anstrengender Weg auf der Lüsener Alm ohne starke Steigungen oder Gefälle, im Süden das erste markante Wahrzeichen der Dolomiten, der helle Kegel des Peitlerkofel.
Die Leute an der Kreuzwiesenhütte rufen mir zu, sie hätten noch ein Zimmer frei. Nichts da! Nach so viel Komfort in Obervintl muss es mal wieder spartanisch zugehen. Dankend wandere ich weiter, komme an einen plätschernden Bach im hohen Gras, ein möglicher sogar gepolsterter Schlafplatz, sehe aber auch oben auf der Kuppe mehrere kleine Hütten.
Mich packt die Neugier, da muss ich hin!
Von diesen Hütten, aus Stämmen in Blockbauweise gefügt, steht noch eine halbwegs aufrecht. Die Brettertür hängt schief in den Angeln, man muss ihr ganzes Gewicht anheben, um sie zu öffnen. Der einzige Raum drinnen ist drei mal drei Meter groß, hat leider kein Heu oder Stroh, nur feuchten Dreck, einige Bretter und Gerümpel am Boden. Richtig wohnlich sind dagegen zwei kleine Fensterluken, die ich gleich öffne. Ein Brett gibt es an der Wand in Sitzhöhe. Das Dach scheint noch dicht zu sein. Hier bleibe ich! Einige Bretter lege ich am Boden zurecht, fege sie mit einem Grasbüschel, blase die Luftmatratze auf und richte mein Nachtlager. In der Abendsonne will ich noch einige Dias machen, unten sind im orangeleuchtenden Dunst die Kreuzwiesenhütte und weit hinten der Ort Lüsen zu erkennen, ja wenn nur die neugierigen Kälber nicht wären. Ich habe den Eindruck, sie wollten mich nur so zum Spaß auf die Hörner nehmen. In einer Hand die Kameras, kann ich sie kaum mit dem Wanderstock abwehren. Fotosafari ohne Gefahrenzulage!
Ursula, die gerade jetzt mit ihrer Freundin in Wertheim an der Tauber spaziert, bekommt einen Anruf mit Kuhglocken-Gebimmel im Hintergrund. Was die Technik doch alles ermöglicht!
Was haben wir denn heute Abend im Blockhäuschen Genießbares? Einen Apfel, einen Rest Vollkornbrot, zwei Kleinpackungen Wurst-

Auch eine Unterkunft, ein baufälliges klein's Hüttle auf der Lüsenalm

aufstrich, frisches Quellwasser, dabei der Blick durchs Guckloch auf Lüsen im Abendlicht.
Ich könnte sanft entschlummern, aber die aufdringlichen frechen Kälber gönnen es mir nicht. Die Alm ist weit, und nur ein paar Meter entfernt liegen die nächsten Trümmer einer Almhütte. Aber nein, sie kommen zu meiner Behausung und reiben ihr Fell an den Stämmen, dass das arme Hüttchen über mir knarrend ins Wanken gerät. Aber damit nicht genug, lässt mich auch das Bimmeln ihrer Glocken lange nicht einschlafen. Zu viel Romantik kann auch nerven!
Am nächsten Morgen, einem Sonntag, packe ich den Rucksack um sieben, muss wieder darauf achten, dass ich im Halbdunkel der Hütte alle Kleinigkeiten einsammle, die ich auf dem Sitzbrett abgelegt hatte, Minilampe, Pfefferspray, Faltbrille, Telefon, Wasserflaschen.
Das Kopfteil der Luftmatratze ist platt, scheint ein Leck zu haben. Man könnte es abschneiden, hätte dann schon wieder einige Gramm weniger zu tragen, aber wer weiß, vielleicht kann man es flicken. Ich bin so ein Typ, der ungern etwas wegwirft. Daheim bringe ich es zur Belustigung Ursulas fertig, Socken zu stopfen und gebrauchte Nägel gerade zu klopfen.

Demnächst werden Fototasche oder Kleider als Kopfkissen gebraucht.
Ich verschließe wieder die zwei Fensterluken, hebe die Tür zur Seite und schlüpfe hinaus in die Morgensonne. Ein herrlicher Tag, die Kälber finden mich inzwischen langweilig, mit Lust und Laune Start nach Süden. Wie gestern Nachmittag ist es ein bequemer Weg über Almen und durch Fichten- und Lärchenwälder. Es riecht nach Fichtennadeln und Harz. Kaum hörbar fiepen Goldhähnchen über mir, frech pfeift der Kleiber, tief im Waldesinnern klagt ein Schwarzspecht. In der Vogelwelt kenne ich mich etwas besser aus als in der Botanik.
Am Jakobsstöckl gibt es Tisch und Bänke, hier mache ich Pause, wechsele in luftigere Kleider, verspeise einen Apfel, schreibe Tagebuch. Zwei Reiter leisten mir Gesellschaft. Ein Foto von ihnen und ihren Rössern schicke ich ihnen später heim.
Am Glittnersee, einem flachen See inmitten weiter Wiesenhänge, wäre wieder Gelegenheit, ins Wasser zu steigen und den Schweiß abzuspülen. Als Jugendlicher hätte ich es wahrscheinlich getan, heute fehlt mir der Mumm dazu. Beschämt laufe ich am See vorbei und frage mich, warum mir der Mut fehlt. Liegt es am Alter? Warum fällt es mir so schwer, aus dieser Norm auszubrechen, nur in einem Hotel duschen zu dürfen? Ich bin nicht ganz zufrieden mit mir.
Dabei ist mir dieser Vorgang im Freien nicht fremd. In unserer Wochenendhütte wärme ich einen Bottich Regenwasser auf dem Ofen, hebe es in den Apfelbaum und dusche darunter, auch im Winter bei Eis und Schnee. Herrlich erfrischend sind die dreißig Schritte nackt und dampfend durch die frostige Luft in die warme Hütte, wo Ursula das Abendmenu auf dem knisternden Ofen brutzelt.
Einmal hier in den Alpen mit meinen Idealen gebrochen, kehre ich mittags in die Maurer-Hütte ein, ganz gegen meine Gewohnheit, und bestelle auf der sonnigen Terrasse ein großes Bier und eine Schüssel Salat. “Mit Thunfisch oder mit Ei? “fragt die junge Frau. “Mit beidem!“
Sie ruft für mich beim Würzjoch an, der nächsten Station, und erfährt, dass noch ein Zimmer frei ist. Sonst wäre ich hier geblie-

ben, denn die übernächste Station Schlüterhütte hätte ich heute nicht mehr erreicht.
Der Nachteil einer Mittagspause: Man kommt dann schlecht in Tritt. Aber bald ist die Steifigkeit überwunden.
Die einzig steile Stelle heute ist kurz vor dem Würzjoch. Von einer Bushaltestelle geht es in den Wald schroff bergauf. Oben eine große dreistöckige Hotelanlage, ganz aus Holz, das Würzjoch-Haus oder Ütia de Börz, gegenüber die Nordwand des mächtigen Peitlerkofel. Hier das Gleiche wie gestern an der Ronerhütte, nur eine Dimension schockierender. Den ganzen Tag habe ich nur fünf menschliche Wesen getroffen, zwei Reiter und drei Wanderer. Hier aber ist ein Rummel wie auf dem Jahrmarkt, hunderte von Autos drängen auf die Parkplätze und Wiesen, Touristenmassen fluten über die Straße, auf die Hotelterrasse, in den Gastraum. Ich habe Mühe, eine für die Zimmervergabe zuständige Person zu erwischen.
Es ist schwer zu ertragen. Man möchte auf der Stelle zurück, in die Verschwiegenheit der Wälder flüchten. Ein paar junge Männer haben kein Auge für die Gebirgslandschaft und krakeelen im Bierdunst. Mit ungeduldigem Hupen beschwert sich ein zugeparkter Fahrer. Eine Nacht lang werde ich´s aushalten.
Mit dem Zimmer kann man sehr zufrieden sein, sauber, solide, aber ohne Balkon. Ich brauche ihn nicht, war lang genug im Freien. Unten auf der Terrasse serviert man mir Speckknödelsuppe, eine große Schüssel Salat, Fleisch vom Grill, Pommes frites. Ich bin kein Feinschmecker, aber das Fleisch war wohl ein Stück vom Sattel. Der Rezeptionsfrau, die mit anderen Gästen am Tisch sitzt, leise ins Ohr geflüstert, bringt sie einen Enzianschnaps zur Verdauung.
Früh am Morgen wird fleißig Tagebuch geschrieben, dafür gibt es ein gutes Frühstück. Bezahlen kann ich diesmal wieder mit der Kreditkarte insgesamt 66 Euro, das Zimmer kostet 43 Euro.
Für den Aufenthalt hier hatte ich die noch sauberste Kleidung heraus geangelt, soweit dies bei meinem kleinen Garderobenschrank, Rucksack genannt, möglich war. Jetzt sind wieder meine Shorts an der Reihe, die an den Beinrändern auszufransen beginnen und an den Schenkeln luftig dünn werden. Um neun beginnt mein Anstieg zur Peitlerscharte, der Himmel ist sparsam bewölkt.

Ob das Stück Sattel mit seinem Ballaststoff-Anteil eine darmanregende Wirkung hat? Ich muss hohe Felsbrocken suchen als Versteck, denn ausgerechnet jetzt, wie kann es anders sein, marschieren viele Wanderer aufwärts.
Es scheinen ungeschriebene Gesetze solcher Wanderungen zu sein: Du triffst am Vormittag auf gefüllte Heuschober, ideale Schlafplätze, nur brauchst du sie so früh nicht. Schleppst du eine große gefüllte Wasserflasche, triffst du alle naselang auf Quellwasser, frischer als frisch. Mir bleibt die Armbanduhr oben in den Bergen stehen, wo weit und breit keine Batterie aufzutreiben ist. Fummle das Regenkappee aus dem Rucksack, und im nu wird die Sonne wieder scheinen. Mache von einem schönen Motiv mehrere Fotos in der Sorge, das ein oder andere könnte missraten, und es werden alle gut. Mache nur ein Foto, geht es daneben.
Anfangs meiner Wanderung war ich meistens allein. Je weiter man nach Süden kommt, desto mehr Wanderer sind unterwegs. Hier auf dem Dolomiten-Höhenweg ist das Risiko geringer, bei einem Unglücksfall nicht gefunden zu werden. Auch auf der Peitlerscharte kommt ein Grüppchen zusammen. Ein italienisches Paar bittet mich, von ihnen mit ihrer Kamera ein Foto zu machen. Aber bitte sehr! Es ist auf unseren Reisen fast mein Nebenberuf. Als Gegenleistung möchte der Italiener mich fotografieren. Kommt er mit meiner Doppelkamera und dem Kabelauslöser zurecht? "Das Wegschild als Vordergrund, das Kabel nicht vor dem Objektiv baumeln lassen, und bitte nicht die Füße abschneiden!" Meine Anweisungen sind in Deutsch, doch er scheint sie zu verstehen, denn die zwei Dias werden einwandfrei.
Bei einer Verschnaufpause hier oben spricht mich ein deutsches Paar meines Alters an, das mich ob meines Vorhabens und meiner unbegrenzten Zeit beneidet. Der Mann bedauert, dass er noch berufstätig ist und im Urlaub diesen Weg nur in Etappen bewältigen kann. Wenn er dann pensioniert ist, fragt er sich, ob er dazu körperlich noch fähig ist.
Ich muss an einen Wanderer denken, den wir ein Jahr später bei Hinterriss treffen, als er von der Torscharte herunter uns entgegen kommt, weit oben an den ersten Schneefeldern. Er ist asthmakrank und wandert fleißig, um nicht wie seine Mutter am Asthma zu

ersticken. Mir fallen einige aus unserem Bekanntenkreis ein, die ihre Zipperlein stets als Entschuldigung für ihre körperliche Untätigkeit vor sich her schieben ohne dass ihnen bewusst wird, damit in einen Teufelskreis zu geraten.
In welch glücklicher Lage ich doch bin! Mir schmerzen zwar die Fußgelenke, wenn sie auf felsigem Boden nach innen knicken, aber ich fühle mich wie ein Adler im Aufwind. Mit Schwung und Elan geht es wieder vorwärts, bis um eine Felskante herum die gewaltige Puez-Gruppe vor mir steht. Ganz hinten an den Schotterhängen ein Steg, der schließlich in Serpentinen zu einem Sattel hochführt. Das dürfte die Roascharte sein, und dort muss ich hin! Sieht sehr abenteuerlich aus. Schaffe ich das?
Ich schaffe es! Der Pfad sieht nur von weitem so gefährlich aus. Vor der Wasserscheide sind Steintreppen eingemeißelt, und irgendwann stehe ich tatsächlich oben. Der folgende Klettersteig Ferrata Nr. 2c geht wieder mal an einer mit Drahtseilen gesicherten, steilen Wand entlang, ist aber ohne Verrenkungen zu bewältigen. Als Nächstes ein Kamin an der Forcella Nivea, dem weißen Grat, den man dank einer Eisenleiter hochsteigen kann. Vor mir liegt am Horizont die mächtige Sella-Gruppe mit dem Piz Boè, das tief eingeschnittene Langental weit unten erinnert mich an die USA, sieht es nicht aus wie der Grand Canyon im Kleinformat? Hinten im Tal ist Wolkenstein zu erkennen.
Die Fußgelenke sind das Einzige, was sich hin und wieder als Folge meiner Walz bemerkbar macht. Ich habe mich nie erkältet und im Großen und Ganzen stets wohl gefühlt. Aber zwei Monate nach meiner Rückkehr erwischte mich eine Erkältung mit Halsschmerzen, Schnupfen und Husten, obwohl ich daheim nicht so nass geworden bin und gefroren habe wie bei dieser Wanderung. Ein halbes Jahr später schon traf es mich wieder und dann noch ein drittes und viertes Mal. Krankheitsursachen sind vermutlich oft andere als gemeinhin angenommen.
Lange lässt die Puez-Hütte auf sich warten. Hinter jeder Wegbiegung hoffe ich, sie auftauchen zu sehen. Urplötzlich steht sie vor mir, zehn Minuten vor sieben. Glück gehabt, die Küche schließt um 19 Uhr. Ich verputze zwei Terrinen Gulasch mit je zwei Knödeln, eine Schüssel war mir zu wenig, und etwas anderes "Gescheites"

nach meinem Geschmack gibt es jetzt nicht mehr. Nebst zwei Bier, dem Nachtlager in einem Zimmer mit 12 Betten, jeweils drei Betten übereinander, sind am nächsten Morgen rund 40 Euro fällig. Ein teures Quartier, denn auch das Frühstück zum Beispiel besteht nur aus einer kleinen Tasse Kaffee, 1 Brötchen, 1 Scheibe Brot, 1 Winzigpackung Marmelade, 1 Winzigpackung Butter und kostet zusätzlich vier Euro.
Allgemein ist so ein Hüttenaufenthalt bei geringem Komfort nicht billiger als ein Gasthaus, sofern man nicht Mitglied im Alpenverein ist. Es wird an der fehlenden Konkurrenz liegen und daran, dass bei einigen Hütten wie bei dieser alles mit dem Hubschrauber gebracht werden muss.
Nach einem Telefongespräch mit Ursula über den Hausapparat pilgere ich am nächsten Morgen frohen Mutes weiter. Ein Wanderfreund verriet mir, dass laut Wetterbericht die sonnige Periode noch eine Woche anhalten soll. Da sind Dauerregen und Gewitterschauer der ersten Tage fast vergessen.
Vom Plateau herunter zeigt sich die Rinne des Ciampai-Jochs mit seinem Zickzackweg vom Talgrund hoch bis zum oberen Rand, den ich nicht erklimmen muss, weil ich schon oben bin.
Nicht viel weiter das Crespeina-Joch, als nächstes das Cir-Joch, eine abenteuerliche Felslandschaft mit hohen Spitzen und tiefen Einschnitten, ein Eldorado für Fotografen. Die orangefarbenen Felsnadeln erinnern wieder an die USA, diesmal an den Bryce Canyon.
Die Landschaft der ersten Tage war doch so ganz anders. Karwendel, Tuxer und Zillertaler Alpen hellgraue Massive mit breiter Basis, urwüchsig, stabil, hier dagegen filigrane, zerbrechliche Spitzen, Türme und Spalte in Ocker, Gelb, Orange, wie die Kulisse eines Märchenspiels.
Das erste Mal entdecke ich Edelweiß, aber nur, weil eine Wandergruppe die unscheinbaren kleinen Blüten in einer Felsnische findet und bewundert. Es mag Touristen geben, die sie abrupfen und als Trophäe mitnehmen. Aber so ein Souvenir ist doch nur ein Nachweis niederer Habsucht.
Mittags am Grödnerjoch herrscht ein betriebsames Gewusel mit Autos, Motorrad- und Radrennfahrern. Klar, es führt mal wieder

eine Straße hoch. Laut Taschenbuch sind es bis zur Pisciadùhütte nur noch zwei Stunden, da wäre der Aufstieg zum Sella-Plateau zu schaffen. Kein leichtes Unternehmen, nicht nur, weil es durch und über Felsen an Drahtseilen steil aufwärts geht, sondern weil viele Wanderer entgegen kommen, denen ich in engen Spalten ausweichen muss, fast alle mit Helm und Sicherungsseil. Bin ich zu leichtsinnig? Ein Stolperer, ein Ausrutscher, und die Alpenlandschaft hätte einen Touristen weniger zu ertragen. Diese Wanderfreunde machen es vorbildlich, tragen einen Helm und klicken sich mit Karabinerhaken an das Seil.

Auf einem Felsen liegen verführerisch zwei Stückchen Schokolade. Sind sie vergessen worden? Ich bin hin- und hergerissen, können sie vergiftet sein? Eigentlich nicht möglich. Ich kann der Versuchung nicht widerstehen und verspeise sie mit Genuss. Sie waren nicht vergiftet, ich lebe noch.

Hätte ich nicht am Grödnerjoch eine ganze Tafel kaufen können? Aber irgendwie kommt man nicht darauf, wenn man durch den Ort marschiert. Erst beim schweißtreibenden Aufstieg erwacht beim Anblick der Schokoladenstückchen der Heißhunger.

Um halb vier bin ich an der Pisciadùhütte in einer Felsmulde. Hier gibt es nichts Grünes mehr, nur nackter Fels, nebenan ein See.

In der Sonne auf der Terrasse schreibe ich Tagebuch, fühle mich pudelwohl. Trotzdem langt`s für heute, ich hätte ein Fleißkärtchen verdient. Ein Zimmer mit acht Doppelstock-Betten für Männlein und Weiblein ist mein Nachtlager.

Zum Abend im Gastraum bekomme ich eine Suppe, nicht viel aber dünn, mit einem einsamen Knödelchen darin und ein Käseomelett, das man schon vor 17 Uhr bestellen musste. Aufgrund dieser logistischen Vorbereitung erwartete ich eine Portion zum Sattwerden, aber dieses Omelettchen ist was für die Zahnlücke. Ein Paar gegenüber am Tisch sieht wohl meine Enttäuschung und meint mit großzügiger Geste, ich sollte doch noch einen Apfelstrudel bestellen. So lieb eingeladen, bedanke ich mich und bestelle. Satt werde ich immer noch nicht, und bezahlen muss ich auch noch alles, denn als der Wirt zum Kassieren an den Tisch kommt, sieht das Paar wie unbeteiligt an mir vorbei.

Draußen tut sich was. Am Himmel schweben Gleitschirme, von

denen einer immer näher kommt und hinter dem Haus landet, ein Tandem. Die Zwei kommen in die Hütte, trinken ihr Bier und gehen dann, schon in der Dämmerung, wieder hinaus zum Schirm. Wir Neugierigen laufen ihnen nach und sehen zu, wie sie an der Felskante den Schirm und die Leinen zurecht legen, sich anschnallen, Anlauf nehmen und - kaum zu glauben - wegfliegen. Der Schirm füllte sich selbst beim Anlauf mit Luft, und ohne die Hilfe Dritter schweben die Zwei im Abendhimmel ins Tal hinunter.
Eine ganze Mannschaft war dagegen nötig, mich damals als Teenager im Segelflugzeug in die Luft zu bringen: der Startleiter, der über Telefon oder Funk die Kommandos an die Winde gibt, der Helfer, der das Seil einklinkt, ein weiterer, der den Segler beim Start waagrecht hält und die ersten Meter mitläuft, der Maschinist an der Motorwinde, der Fahrer des Leporello – oller Opel rückwärts –, der das abgeworfene Seil zum Start zurück zieht, die Kameraden, die den gelandeten Flieger an den Start zurück rollen. Ohne Mannschaftsgeist lief nichts.
Zurück im Gastraum der Pisciadùhütte palavert und lacht die Altherren-Riege eines Turnvereins, der ich heute schon mehrmals begegnet bin. Die Senioren, jedes Jahr in den Alpen unterwegs, laden mich ein, und ich setze mich zu ihnen, berichte für zwei Gläser Rotwein von meiner Nacht in der Schießanlage. Nach meiner Erfahrung beim Abendessen muss ich diesmal den Wein nicht bezahlen.
Schon kurz nach sechs am nächsten Morgen hinaus mit meiner Waschmaschine und Wäsche draußen auf eine Leine gehängt, damit sie bis zum Start schon etwas trocknet. Zum Frühstück gibt es etwas mehr Kaffee als gestern, der Tag fängt nicht so armselig an.
Gegen acht Start in Trainingshose und Windjacke am See vorbei weiter hinauf zum Sella-Plateau. Es ist noch kühl hier oben, aber der Schweiß rinnt. Es sind wieder nur wenige fantasieanregende Wolkengebilde am Himmel.
Welch ein Unterschied zu den bisher durchwanderten Landschaften mit hohen schattigen Wäldern, blütengesprenkelten Wiesen. Hier auf der Hochebene ist nichts, nichts außer grauen Felsen und ein paar Schneefeldern, eine Landschaft, die in ihrer Kargheit schon

wieder schön oder zumindest sehenswert ist. Die Mondlandschaft aus Fels und Geröll wird nur unterbrochen durch die tiefen Schlünde und bizarren Pfeiler des Val de Mesdi, des Mittagstals, für mich als 3D-Fotografen ein Höhepunkt.
Es geht an der Boèhütte vorbei, die wie das Pisciadù-Haus ohne Baum und Strauch wie vom Himmel gefallen auf der Felsebene steht. Der Piz Boè ist schon von weitem am dunklen quadratischen Telefonreflektor auf der Kuppe zu erkennen, nicht mehr in Betrieb. Wie in meinem Wanderführer zu lesen, könnte man ihn ohne große Kletterkünste besteigen. Aber muss es denn sein? Inzwischen ist ein Punkt erreicht, an dem ich weite Umwege vermeide. Ich will nach Belluno, das hat sich in den vergangenen drei Wochen anstrengenden Wanderns mehr und mehr in mein Hirn gegraben, und damit sind alle Umwege ausgeschlossen, auch wenn ich mir später vorwerfen sollte, dieses oder jenes am Weg verpasst zu haben.
Um 12 Uhr 30 bin ich am Rifugio Forcella Pordoi, an der Pordoi-Hütte. Man kann mit der Seilbahn zum Pordoi-Pass hinunter fahren oder die Schuttrinne abwärts wandern. Ich frage zur Sicherheit ein Paar, soeben herauf gestiegen. Als es mir bestätigt, dass der Weg nicht allzu gefährlich sei, wage ich den Abstieg. Zunächst geht es bequem über Steintreppen, dann aber in vielen Serpentinen steilen Schotter abwärts. Mir rutschen die Füße weg, ich plumpse auf den Rücken, zum Glück auf den Weg und nicht den Abhang hinunter. So bleibt der Sturz ohne schlimme Folgen, auch am Rucksack ist nichts zerrissen, nichts zerdrückt.
Ich komme heil unten an. Es ist zwar noch früh, aber heute ist mein fauler Tag. Auf der Straße spaziert ein Ehepaar mit Tochter, das ich schon in der Pisciadù-Hütte kennen lernte. Ob ich mit ihnen weiter laufe, fragen sie mich. Nein, heute habe ich keine Lust mehr.
Nach zwei relativ teuren Hüttennächten hätte ich gern wieder ein Zimmer für mich allein mit Dusche ohne Münzgefummel. Und so was findet sich schon im erstbesten Hotel, im “Albergo Col di Lana". Meine Entscheidung wird gerechtfertigt durch den Regen am Abend. Na also, nun bin ich trocken und sicher. Bequemlichkeit schlägt Sparsamkeit.
Ursula gesteht mir am Haustelefon, dass sie am folgenden

Wochenende mit unserem VW-Bus fast 100 Kilometer zu ihrer Schwester fahren will. Donnerwetter, sie traut sich einiges zu. Sonst fährt sie nur sehr kurze Strecken auf bekannten Straßen. Später erzählt sie mir, dass sie schon früh um fünf mit Herzklopfen und nassen Händen gestartet ist, um möglichst allein auf der Autobahn zu fahren.
Reicht mein Geld? Ich rechne mit mindestens noch einer Woche Wanderschaft, und damit würde mein Bargeld nicht langen, wenn ich immer in Hütten schliefe. Hier ist aber kein Geldautomat. Der Wirt hilft mir aus der Klemme, indem ich die Rechnung eines anderen Gasts, der bar bezahlt hat, mit meiner Karte begleiche, und der Wirt mir dann den Betrag abzüglich 3% bar auszahlt, es sind über 160 Euro. Die könnten mich retten.
Um 19 Uhr gibt es Abendessen, als Vorspeise Spaghetti, dann die bestellten Schweinehaxen, wenn schon - denn schon. Der Joghurtpudding mit Himbeeren schmeckt mir so gut, dass ich mit ausgelöffeltem Dessertschüsselchen zur Küchenmamsell hinüber gehe und eine zweite Portion hole. Sie strahlt, für sie ist es ein Erfolgserlebnis.
Meine Eltern erzählten oft, wie ich als Kind in meinem Stühlchen den Brei kaum erwarten konnte und mit einem ungeduldigen "namnamnamnam" der Mutti den Löffel aus der Hand schlug.
In lieber Erinnerung bleibt mir der üppige Obstgarten hinter meinem Heimathaus, die dicken schwarzen Süßkirschen, saftigen Birnen, Pfirsiche, Erdbeeren, der Rhabarber mit den für mich als Kind riesigen Blättern, unter denen ich einen trockenen und heimeligen Platz für manches Getier vermutete.
Aber der Appetit der Kinderzeit machte mich nicht zum Feinschmecker. Vermutlich habe ich dieses Bodenständige von der Mutter geerbt. Unsere Familie war einmal vor langer Zeit in einem gehobenen Lokal zum Speisen, fünf oder sechs Gänge mit undefinierbaren bunten Bröckelchen auf großen schwarzen Tellern. Als wir uns vom Tisch erhoben weil uns klar wurde, dass nun nichts mehr kommt, sagte Mutti ehrlich und direkt: "Jetzt könnte ich etwas Ordentliches essen!"
Hummer, Froschschenkel, Wachteleier, Artischockenherzen lassen mich kalt. Da brauche ich Trüffel und Kaviar erst gar nicht zu pro-

Blick zum Pordoi-Pass

bieren. Lieber ist mir ein deftiger Braten mit Rahmsoße, Pommes frites und Salat, Gourmets dürfen wegschauen. Ich hasse es, Forellenhäppchen mühsam und langwierig aus unzähligen Gräten fummeln und trotzdem noch ohne Ende unappetitlich spucken zu müssen. Bleibt mir fort mit den "Bäckchen". Mir sind Fischstäbchen lieber. Weine, mit schwülstigen Lobgesängen bedacht, lasse ich links stehen. Da heißt es beim Fränkischen Weinbauverband wortwörtlich: Die Aromenvielfalt dieses Weißen Burgunders reicht von "Banane" bis hin zu "balsamischen, cremigen Noten" und ist eingebettet in "Röst- und Toastkomponenten". Der "gewaltige Körper" endet "in feinen sahnigen Karamelltönen". Nur so was nicht! Ich bekenne mich zum kulinarischen Banausen und bleibe beim Bier für fünf Euro den Kasten.
Aus meinem Alpen-Tagebuch: *10.7. (Do.) 7.00 auf, noch einmal geduscht, 2-Ventil-Dusche, Kabine etwas klein. Fast blauer Himmel. Reichhaltiges Frühstücksbuffet um 8.00. 3 Brötchen, viel Saft.*
Nicht allein beim Frühstück sitzend, versuche ich möglichst unauffällig und oft Saft vom Buffet zu holen, werde wieder viel davon ausschwitzen.
Bezahlt mit ec-Karte: Halbpension 39 Euro, Telefonat 3,60, 4 x 0,4 Liter Bier 13,60, gesamt 56,20 Euro. Gemessen an den Leistungen der Hütten preiswert. Start 9.00. Als erstes zur Tel.-Zelle an Seilbahn, da liegt noch mein Karton mit der Karten-Tel.-Nummer am Boden, - ob ich sie jemals noch brauchen werde? In I (Italien) *hat es bisher nie funktioniert.*
Zur Erklärung: Ich hatte daheim einen Telefondienst bestellt, mit dem man ohne Bargeld und ohne Karte über eine Sondernummer von jedem Apparat jeden erreichen kann. So hieß es jedenfalls in der Werbung. In Deutschland und Österreich klappte es schon nicht immer, und hier in Italien überhaupt nicht. Die Gebühren wurden der Telefonrechnung zugeschlagen.
Der nun folgende Weg über die Wiesenhänge hat mehrere Namen, Bindelweg oder Brotweg oder auf Italienisch Viel del Pan oder auch Dolomiten-Höhenweg Nr. 2. Inzwischen durch viele schöne Strecken verwöhnt, ist es hier doch wieder eine Lust zu wandern. Hat der Weg deshalb so viele Namen? Rechts und links blumen-

übersäte Wiesen, im Süden die weiten Gletscher der Marmolada, wie gehabt gelblich durch Saharastaub. Keine Steigungen sind zu bewältigen, keine Gefälle, ausgenommen der Abstieg zum Fedaia-Stausee. An der 56 Meter hohen Staumauer mache ich ein 3D-Diapaar die Mauer hinunter, wohlgemerkt, nur ein Paar. Daheim sehe ich nach dem Entwickeln, siehe oben, dass vor dem Objektiv einer Kamera das Auslösekabel baumelte. Ich habe durch den Sucher der anderen Kamera gepeilt und es deshalb übersehen. Es wäre ein effektvolles Raumbild geworden.
Ich umrunde den Stausee südlich, genau genommen sind es ein großer und ein kleiner See, komme danach auf einen Schotterweg, der kaum Gefälle hat, und liege doch urplötzlich rummsbumms auf dem Rücken, wieder ohne Schaden. So langsam gewöhne ich mich daran.
Nicht gewöhnen kann ich mich an das Verrutschen der Rucksackgurte nach außen. Man kann sich kaum vorstellen, wie das nervt, wenn am Ende der Etappe der körperliche Stress ohnehin aufs Gemüt drückt. Ich muss den Rucksack immer wieder mit einem Ruck hochschubsen und die Gurte dabei an den Hals ziehen. Das vermeidet zwar ein Brustgurt, aber dann ist beim Absetzen des Rucksacks außer dem Bauchgurt auch noch der Brustgurt zu lösen.
Kurz vor dem Gasthaus Capanna Bill endlich ein Bach, wo ich trinken und die Flaschen auffüllen kann, heute früh leer mitgenommen, nachdem ich doch bisher immer wieder auf Rinnsale traf.
Weiter unten sehe ich Schober in der Wiese, steuere einen aus Neugier an und öffne die Holztür. Das wäre es! Die kleine Scheune ist halbvoll Heu, ein ideales Quartier. Aber, wie gehabt, es ist noch heller Tag, 15 Uhr, was soll man so früh damit?
In Malga Ciapela steht ein Bus an der Haltestelle. In Versuchung, mich mal wieder kutschieren zu lassen frage ich den Fahrer, ob er nach Alleghe fährt. Fährt er nicht, zu meinem Glück, denn es folgt eine abenteuerliche Schlucht, die man sehr bequem auf einer für Autos gesperrten Straße durchwandern kann, die Serrai di Sottoguda. Auch Einheimische schlendern im Schatten der hohen Felsen am rauschenden Pettorina-Bach. Der Motorverkehr fließt auf einer neuen Parallelstraße weiter oben. Wieder und wieder werde ich zum Fotografieren verführt.

Ich laufe in Sottoguda ein, einem reizenden, kleinen, blumengeschmückten Ort mit ungewöhnlichen Bauernhäusern, an den oberen Stockwerken eine umlaufende hölzerne Galerie, wo landwirtschaftliche Geräte und anderes gelagert sind.
Unerwartet ist hier ein kleiner Lebensmittelladen. Hat er auch Dosenbier? "Si", sagt die Verkäuferin und deutet ins Regal. Dieser Abend ist gesichert. Eine Tüte Erdnüsse kommt noch oben drauf.
Wenn aber schon so gut versorgt, Vollkornbrot und eine Dose Fisch habe ich noch, warum mache ich nicht endlich etwas, was mir schon lange im Kopf spukt, was sogar ernsthaft geplant war, nämlich im Freien zu nächtigen wie damals in jungen Jahren? Nachdem ich gestern faul war, am Nachmittag schon die Stöcke ins Eck gestellt und eine komfortable Nacht genossen habe, will ich heute bis zur Dämmerung laufen und mich dann frisch-fromm-fröhlich-frei in eine Wiese oder in den Wald legen. Wozu sonst die ganze Ausrüstung? Mal sehen!
Bis nach 19 Uhr wandere ich, als durch einen Fichtenwald unterhalb des Weges eine Lichtung auftaucht. Hier muss es sein, ein Stück östlich von Rocca Piétore. Das Lager wird diesmal ohne Luftmatratze vorbereitet, der Boden und das hohe Gras werden weich genug sein.
Zugegeben, ich bin etwas besorgt und schaue mich oft um, ob ich nicht entdeckt werde. Schließlich bin ich im Ausland, sehe mich schon von strengen Carabinieri festgenommen und eingelocht im dunklen Verlies fern der Heimat.
Vorsichtig halte ich mich deshalb oben am Weg auf, schreibe Tagebuch, solange es noch nicht dunkel ist, und richte auch dort mein Abendbrot, einen Apfel als Vorspeise, Vollkornbrot, Fisch aus der Dose, Bier zu den gesalzenen Erdnüssen. Mir geht es doch gut, versuche ich mir einzureden, und doch ist mir mulmig. Ich bin so aufgeregt, dass es nicht bei einer selbstgedrehten Zigarette bleibt. Es kommt aber niemand des Wegs, ich bleibe allein.
Wie oft habe ich doch als Jugendlicher unbekümmert an den unmöglichsten Orten geschlafen. Ändert man sich mit zunehmendem Alter? Bin ich vorsichtiger, ängstlicher?
Es ist fast dunkel, als ich durch den Wald hinunter auf die Lichtung schleiche, mich bis auf die Unterwäsche ausziehe und in den

Schlafsack krieche, links der Rucksack mit dem Bargeld, abgewandt vom Weg, rechts die Fototasche. Der Poncho liegt auf den Beinen bis zum Bauch, bei Regen werde ich ihn ganz hochziehen. Es bleibt aber trocken.

Es bleibt trocken nur von oben. Denn im Schlafsack bildet sich eine unangenehme Feuchtigkeit. Im Halbschlaf muss ich immer wieder die Beine hochschleudern, um ihn zu lüften. Ich vermute, dass es ein Fehler war, den Poncho direkt auf die Beine zu legen. Es gehört Luft dazwischen. Beim nächsten Mal wird er zwischen zwei Ästen oder den Wanderstöcken zu einem Zelt aufgespannt. Irgendwo habe ich erfahren, dass man in einer Nacht etwa zwei Liter ausdünstet.

Davon abgesehen überstehe ich die Nacht unterm Sternenzelt gut, keiner hat mich geklaut, keiner erschlagen, keiner gefressen. Es bleibt aber auf meiner Tour die einzige Nacht unter freiem Himmel. Warum nur, frage ich mich selbstkritisch? Weil ich mich anpasse und so verhalte wie üblich. Nachts liegt man gefälligst in einem Bett eines Schlafzimmers, hat ein solides Dach über dem Kopf und ein Nachtschränkchen daneben!

Auch das Gesetz schreibt dieses Normative vor. Nach der Devise "Es ist alles verboten, was nicht erlaubt ist", wird das wilde Zelten im ganzen Alpenraum nicht gestattet, besonders im Alpenpark Karwendel und im Nationalpark Dolomiten. Ein Notbiwak wird aber erlaubt, sodass man im Fall einer Kontrolle die Notlage erklären müsste. Entscheidend ist wohl, dass man die Natur wenig stört und unverrottbare Abfälle mitnimmt.

Um halb sechs, es ist schon taghell, packe ich meine Siebensachen und verlasse die Lichtung, ehe ich vielleicht doch noch erwischt werde.

Nicht viel weiter im Wald ein Picknick-Platz mit Tischen, Bänken und einem Brunnen. Hier soll auch endlich mein Dosenofen seinen Zweck erfüllen, nachdem ich schon in der vergangenen Nacht gewisse Normen gesprengt habe. Man mag mich für verrückt erklären, ich habe anstatt eines Spirituskochers einen richtigen Ofen dabei, gebastelt aus einer Kaffeedose mit Rost aus durchgesteckten Drahtstücken, 160 Gramm leicht. Die großen Löcher für Zuluft und Rauch sind mit einer alten Schere aus dem Blech geschnitten. Papier zum Anfeuern hat sich genügend angesammelt, trockene

Fichtenzapfen und Hölzchen liegen in Hülle und Fülle herum. Ich muss sie nur ständig durch die Rauchöffnung nachschieben. Das Öfchen heizt brav mein Wasser. Ein Liter heiße Gemüsebrühe ist das Richtige nach dieser Nacht und hebt meine Stimmung auf optimistische Höhen.

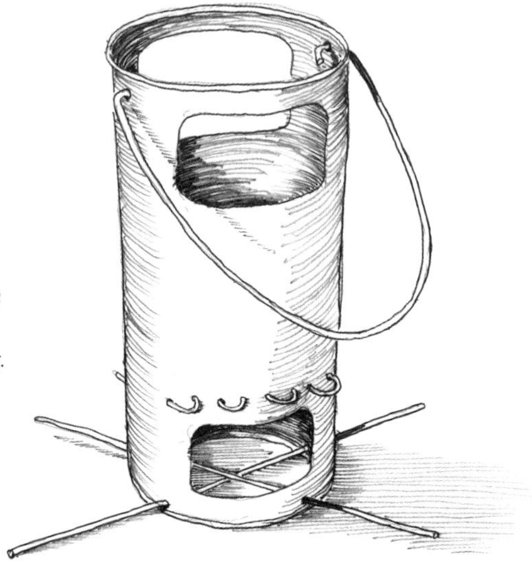

Mein Dosenofen.
Im unteren Drittel U-förmige Drahtstücke als Rost. Unten das Zündloch, im Boden zwei Drähte zur Standsicherheit, die bei Nichtgebrauch lose im Rucksack liegen, oben zwei große Löcher als Rauchabzug.

Mein Glückspegel ist kurz vor dem Überlaufen, als ich noch etwas am Baum entdecke: "Provincia di Belluno". Zum ersten Mal lese ich mein Ziel auf einem Schild, was mir aber auch verdeutlicht, wie sehr ich schon darauf fixiert bin.
Dieser zum Greifen nahe Erfolg meiner Alpentour, die Bestätigung meiner Arbeit als freiberuflicher Konstrukteur und die Gewissheit, das Leben bisher im Großen und Ganzen gemeistert zu haben, schafft eine Selbstsicherheit, die Rückschläge gelassen betrachten lässt. Unumwunden kann ich zugeben, dass ich in der Ingenieurschule das dritte Semester wiederholen musste, bin also schlicht sitzengeblieben. Die höhere Mathematik war mir zu abstrakt. Die Körbe von einigen hübschen Mädchen hätte ich sammeln können, und bei meiner ersten Stelle, bei Bosch in Waiblingen, warf man mich nach einem Jahr hinaus.

Endspurt und gesunde Heimkehr

Durch den Wald am Flüsschen Cordevole entlang komme ich nach Le Grazie, treffe dort auf dem Kirchplatz auf einer Bank einen älteren Herrn, mit dem Funktelefon beschäftigt. Ob er mir helfen kann, Ursula anzurufen? Seit ich in Italien bin, meldet sich bei mir nach dem Einschalten immer ein TIM, der meine Kontaktversuche nicht akzeptiert. Was hat TIM gegen mich?

Der Senior kann mir zunächst nicht helfen, aber durch die magere Unterhaltung mit Händen und Füßen komme ich darauf, dass man ähnlich wie die Uhrzeit über das Menü ein anderes Telefonnetz abrufen kann, und siehe da, TIM verlässt mich, omnitel erscheint und verbindet mich mit Ursula, die endlich wieder erfährt, wo sich ihre schlechtere Hälfte herumtreibt.

Als Postkartenmotiv erscheint das Touristenstädtchen Alleghe am gleichnamigen See. 1771 entstand er durch einen Erdrutsch, bei dem acht Weiler verschüttet oder überflutet wurden.

Am Geldautomaten hole ich zur Sicherheit noch einmal 200 Euro, in einem Laden eine Schachtel Streichhölzer. Unnötig, denn später findet sich unten im Rucksack eine Packung. Ärgerlich! Wie kann man nur in so einem kleinen Raum die Übersicht verlieren?

Ich kann mir einen schweißtreibenden Aufstieg zum Col de Baldi sparen. Für nur fünf Euro fährt man sehr preiswert mit der Gondelbahn, anschließend mit dem Sessellift, fast 1000 Höhenmeter. Hier beginnt für mich der Dolomitenhöhenweg Nr. 1, im Osten der mächtige Kegel des Monte Pelmo. Es geht vorbei am Coldai-See, einem beliebten Ausflugsziel, erkenntlich an einem Netz unzähliger Trampelpfade, und an der beeindruckenden Westwand der Civetta. Hier oben auf dem Kamm eine ähnlich farbenprächtige Sicht wie damals auf dem Pluderling-Sattel. Im Vordergrund auf weiten Flächen üppig blühende Alpenrosen zwischen ockerfarbenen Felsen, unten im Tal die Häuschen von Alleghe am türkisleuchtenden See, umrahmt von dunklen Wäldern. Hinten das Tal, aus dem ich gekommen bin, irgendwo dort auf der Wiese war mein Freiluftlager.

Wie kann man dieses üppige Panorama erfassen und speichern? Ich verharre, auf meine Stöcke gestützt, schaue und schaue und habe

den heißen Wunsch, es lange in Erinnerung zu behalten.
Zwei Wanderfreunden verrate ich, dass ich wie sie zur Tissi-Hütte will. Aber an der Abzweigung zur Hütte kommt mir eine andere Idee. Jetzt 150 Höhenmeter dort hinauf und morgen wieder hinunter, oder erreiche ich heute noch die Vazzoler-Hütte? Jawohl, ich lasse die Tissi-Hütte rechts liegen und laufe geradeaus weiter, bin nach flotter Gangart um 18 Uhr 20 am Quartier.
Ich hätte den Zweien mein Ziel nicht angeben dürfen. Als wir uns später in der Vazzoler-Hütte treffen, kreiden sie mir an, dass einer von ihnen die Tissi-Hütte noch einmal verlassen hat und auf der Suche nach mir bis zur Kreuzung hinunter gelaufen ist. Da ist der Ärmste den Weg, den ich mir gespart habe, insgesamt viermal gegangen. Hoffentlich hat meine Einladung zum Bier den Fehler ausgebügelt.
Am Weg zur Vazzoler-Hütte ragt ein Felsen wie ein überdimensionaler Kirchturm in den Himmel. Der Torre Venezia in der Abendsonne, von Nebelfetzen umwoben, das sollte ein gutes Dia werden.
Zum Abendessen treffe ich rechtzeitig ein. Am großen Tisch bei den anderen Wanderern ist kein Stuhl mehr frei, man platziert mich in die Ecke an einen Katzentisch. Mich stört es wenig, andere schon, zum Beispiel ein junges Paar, das mich später anspricht. Der Mann ist anscheinend körperlich behindert. Seine Bewegungen sind ungelenk. Seine Partnerin gegenüber ist klein und zierlich.
Mit diesem Paar, Gitta und Mathias mit einem T, sind wir heute noch befreundet. Gitta ist Krankenschwester, Mathias arbeitet als Freiberufler an Computerprogrammen für Auto-Ersatzteile. Seinen körperlichen Defekt, eine genetisch bedingte Schulter-Muskeldystrophie, nimmt er mit humorvoller Gelassenheit.
Mein Telefonakku ist leer. Wie gut es diesmal passt, das Pech verfolgt mich doch nicht immer. Das Haus hat einen Stromanschluss! Ich kann den Akku laden und Ursula informieren.
In den Hütten ist es üblich, vor dem Entern der Schlafräume die Wanderschuhe auszuziehen. In meinem Gepäck ist wie bei vielen anderen aus Gewichtsgründen kein zweites Paar Schuhe oder Pantoffeln. Als Ersatz liegt auch hier eine kunterbunte Mischung an Schlappen zum Ausleihen im Regal. Keiner muss befürchten, dass sie aus Versehen mitgenommen werden, sie sind löchrig, die

Blick zurück auf Alleghe.
Aus dem Tal in der oberen Bildmitte bin ich gekommen

Riemen oder die Sohlen lose, oft ist nur ein rechter oder linker vorhanden. Fragt sich, wie man schneller einen Fußpilz einfängt, barfuß oder durch diese Schlappen.
Warmes Wasser kommt in der Dusche nur mit Chip. Immerhin zählt aber zum technischen Komfort, dass man von einem Summer vor dem Ende des Warmwasserstroms gewarnt wird, und die Hochbetten haben unter der Matratze einen Federrost. In den meisten Hütten ist hier ein Bretterboden. Und mein kleines, aber eigenes Vierbett-Zimmer hat ein Dachfenster. In vielen Heimen ist noch wenig los. Die Wandersaison beginnt erst im August.
Beim Frühstück hätte ein eisenharter Asket Begeisterungsschreie ausgestoßen. Es ist an Kargheit nicht zu unterbieten: 1 Schälchen Kaffee, 1 Brötchen, 2 Stück Zwieback, 1 Minimalpackung Butter, 1 Minimalpackung Marmelade, und … nichts mehr! Hier heißt es nicht "Vogel friss oder stirb" sondern "Vogel friss und stirb". Vorher darf ich 53,80 Euro mit der Karte bezahlen.
Auf, du alter Wandersmann! Während ich den steilen Schotterweg weiter hinunter laufe und dabei Acht geben muss, nicht wieder auszurutschen und auf den Rücken zu plumpsen, rennen Jogger den Weg hoch. Die haben offensichtlich besser gefrühstückt.
Ich wandere unterhalb der Steilwände der Moiazza-Gruppe, als ich leise Stimmen höre wie aus dem Nichts. Mathias und Gitta, die mir in einiger Entfernung folgen, können es nicht sein. Mich genauer umsehend entdecke ich in der 300 Meter hohen senkrechten Felswand zwei Kletterer in 100 Meter Höhe. Wie machen die das? Warum machen sie es? Es ist vielleicht dasselbe Motiv, das mich durch die Alpen laufen lässt. Leise sind ihre Hammerschläge zu hören, wenn sie Haken in den Fels schlagen.
Wandern ist zwar ein simpler Sport, mit wenig Aufwand und Ausrüstung zu betreiben, aber mit großem Gewinn. Kein Gewinn, den Leistungssportler, vielleicht noch gedopt, als üppige Siegprämien und Werbeeinnahmen einstreichen. Nein, Wandern ist die unmittelbarste Technik, Zeit und Raum zu erfahren, durch die Anstrengung intensiv Fleisch und Geist und Sinne zu erleben. Wandern ist Therapie für Körper und Seele, weil man alles nicht Lebensnotwendige und Alltägliche daheim lassen kann, auch mental. Es bleiben nur wenige Fragen nach dem Proviant, der

Waschgelegenheit, dem Nachtlager. Hirnwindungen werden frei, über Gott und die Welt nachzudenken.
In Gedanken bei den Kletterern trifft es mich, zwischen relativ harmlosen Felsen unterwegs. Ich muss rechts an einem größeren Felsen vorbei, dabei stößt meine Fototasche an, die seitlich links hängt, gibt mir einen Stoß nach rechts.
Ich falle - überschlage mich - knalle einige Meter tief auf scharfkantige Brocken – Schrecksekunde – Ende meiner Reise – ein Fall für die Bergwacht – mein schlimmster Sturz – ruhig liegen bleiben – nicht bewegen – Schmerzen? – nein – kann ich mich bewegen? – ja, ich bewege Arme und Beine – nichts gebrochen – nur der Rucksack hängt schräg an den Schultern.
Ich rappele mich auf, Glied für Glied, wie ein Zollstock. An der Hand eine kleine Abschürfung und wenige Kratzer am Bein, sonst nichts, nichts blutet. Glück gehabt. Gibt es Schutzengel?
Ringsum ist alles wie vor dem Sturz. Die Moiazza-Wand ragt steil in den Sommerhimmel, stumm windet sich der Schotterpfad durch die kantigen grauen Felsen. Nichts und keiner bedauert mich, auch die Sonne brennt teilnahmslos. Hier bin ich ohne Bedeutung.
Dabei bin ich doch nicht nur auf die Erde, die Erde ist auch auf mich gefallen. Der glimpflich überstandene Sturz löst ausschweifende Überlegungen aus. Zwei Körper sind im All zusammen gestoßen, ich habe dem Globus eine Delle verpasst und eine Stoßwelle, die bis Australien fließt. Genau genommen, denn andererseits ist die Masse der Erde so überproportional groß, dass man die von mir Winzling verursachte Delle und Erschütterung niemals wird messen können.
Mathias und Gitta überholen mich. Außer Sichtkontakt, haben sie meinen Looping nicht gesehen. Sie sind mir noch zu fremd und es wäre mir auch peinlich, ihnen meinen Sturz und erst recht meine verrückten Gedanken zu schildern.
Nach einer mühsamen Etappe über Stock und Stein bin ich um 15 Uhr am Duran-Pass, zum Bleiben noch etwas früh. Aber die nächste bewirtschaftete Hütte, Rifugio Pramperet, ist mindestens fünf Stunden entfernt. Warum nicht wieder im Freien oder in einer Almruine schlafen? Dazu hätte ich in Alleghe Lebensmittel und vor allem Flüssigbrot kaufen müssen, außerdem habe ich es doch eini-

ge Male geschafft, das langt mir. Ich werde also bleiben. Zwei Gasthäuser oder auf Italienisch Rifugi stehen an der Straße, Rifugio San Sebastiano und Rifugio C. Tomè. Ich gerate als erstes in das einfache Tomè-Gasthaus und bekomme gleich ein Lager im Zehn-Bett-Zimmer im Untergeschoss. Die Dusche ist großräumig und kostenlos. Vor der Tür des Lagers kann ich an einem kleinen Tischchen in der Sonne sitzen und das geruhsame Treiben auf dem Vorplatz und der wenig befahrenen Straße beobachten.
Nach dem Abendessen kommt noch ein Wanderer zum Übernachten. So fühlen wir uns zu zweit fast verloren in dem großen Schlafraum.
Nun muss einmal harte Selbstkritik her! Ich schlafe in Unterwäsche unter den Decken der Hütte, was aus hygienischen Gründen eigentlich zu vermeiden ist. Warum bin ich nur zu faul, wie mein Zimmergenosse ein paar Betten weiter den Schlafsack vom Rucksack zu schnallen und aus der Hülle zu zerren? Reiß dich zusammen! Werde nicht nachlässig in den letzten Tagen!
Am nächsten Morgen, einem Sonntag, bekomme ich schon kurz nach sechs das nicht gerade sonntägliche karge Frühstück mit Liliputportionen Brotaufstrich, immerhin aber zwei Tassen Kaffee, bezahle 43,70 mit der Karte und mache mich gegen acht auf den Weg.
Ein kurzes Stück muss man die Straße hinunter, dann nach links in den Wald. Warum regt sich erst hier mein Darm und nicht einige Minuten früher in der Hütte? Ich muss mal wieder den Weg verlassen und hinter die Bäume.
Ich wundere mich immer wieder über die geheimdienstliche Behandlung und den Aufwand des lieben Verdauungsgeschäfts. Mit Belustigung denke ich an die technische Raffinesse auf Yachten, mit der man seine Produkte außenbords befördert. Durch verschiedene Ventile, die man in richtiger Reihenfolge betätigen muss, werden die Sachen unterhalb der Kloschüssel zunächst mit Seewasser vermischt, dann wird die Mischung außenbords gepumpt. Als nüchterner Mensch mit technischem Beruf habe ich mich immer gefragt, ob dieser Zickzackweg nicht abzukürzen sei.
Wir haben in unserer Wochenendhütte zu diesem Zweck einen schlichten, einfachen Zehn-Liter-Eimer mit Deckel. Der Inhalt wird

in ein spatentiefes Loch geschüttet und zugegraben. Hygieneverwöhnten Besuchern steht ein Campingklo mit Wasserspülung bereit.
Dem Wald mit meiner Duftmarke folgt ein wilder Kurs über Schotter, Felsen, über armdicke, graue Wurzeln, von unzähligen Wanderschuhen glatt geschliffen. Man muss schon etwas mehr als nur die Füße lupfen. Die Malga Moschesin, die Moschesin-Alm mit Brunnen auf einem weiten Wiesenhang ist ein beliebter Rastplatz. Ein Dutzend Wanderer sitzt auf den Bänken, liegt im Gras, genießt die Sonne.
Der Weg wird zunehmend besser. Kurz nach eins die Abzweigung zum Rifugio Pian de Fontana, laut Wanderführer noch drei Stunden. Ich sehe aber hier schon das Rifugio Pramperet und laufe nach links darauf zu.
In der Pramperet-Hütte ist alles etwas einfach. Das erste, was ich natürlich feststelle: Bier gibt es nur in 1/3-Liter-Dosen. Als Quartier wird mir ein kleiner Anbau außerhalb des Hauptgebäudes zugewiesen, der mehr einem Hühnerstall als einem Schlafgemach ähnelt, drei mal drei Meter mit fünf Betten, einmal drei übereinander und auf der anderen Seite zwei. Später kommt noch ein Paar, das ich einlade, bei mir im Hühnerstall zu schlafen, Gitta und Mathias.
Hier ist mal wieder genug Zeit, meine Unterwäsche und Socken zu waschen und abends auf die Leine zu hängen.
Das ist doch ein unverschämtes Glück. Seit dem Unwetter auf der Gliederscharte, abgesehen von dem bisschen Regen am Pordoi-Pass, hatte ich nur sonniges oder zumindest trockenes Wetter. Womit habe ich das verdient? Fast zwei Wochen sollte ich mein Regenkappee umsonst durch die Gegend schleppen. Dabei ist in dieser Höhe die Temperatur noch angenehm, die Heimat litt zu dieser Zeit unter brütender Sonne.
Wärmende Sonne, seit viereinhalb Milliarden Jahren versorgt sie unseren Globus mit Energie, ein unvorstellbar großer Fusionsreaktor. Unter ihren wohltuenden Strahlen fällt mir meine letzte berufliche Arbeit ein, eine wochenlange Geduldsprobe im Kernforschungszentrum Karlsruhe. Mein Boss, ein kluger Kopf und Menschenkenner, hatte sie mir 1986 verpasst.
Unsere Abteilung hatte zur Wartung und Reparatur der Innenwand

eines Fusionsreaktors einen siebengelenkigen Manipulator entwikkelt, der durch ein Wartungsloch in den Reaktor, den man sich wie einen hausgroßen Autoschlauch vorstellen kann, bis zur gegenüber liegenden Seite einfahren sollte. Ich untersuchte nun, ob und wie der Manipulator bei Defekt eines Gelenkantriebs durch das Wartungsloch zurück in sein Parkgehäuse fahren kann. Ein Normalo hätte bald aufgegeben, ich Dickbrettbohrer blieb mit Lust und Liebe bei der Sache. Die langwierige Denk- und Tüftel- und Rechenarbeit machte mir so viel Freude, dass ich abends ungern heimradelte und umso lieber den Morgen erwartete.

Trotzdem beendete ich meine bescheidene Konstrukteurslaufbahn mit 47 und war seither nicht mehr berufstätig. Wie sagt man? Aufhören, wenn es am schönsten ist!

Wie geht das? Ohne üppige Erbschaften haben wir stets bescheiden und sparsam gelebt, brauchten bisher weder Bafög noch Sozialhilfe oder Hartz IV. Wir haben aber auch hin und her gerechnet, mein Kollege Theo und ich. Ich stellte die Zinseszinsformel so um, dass als Ergebnis das Kapital herauskam, das damals nötig war, um ohne berufliches Einkommen bis zum Rentenbeginn leben zu können.

Mein Urteil nach zwei Jahrzehnten: Die penible Rechnerei brachte etwas Sicherheit, Sorgen waren überflüssig.

Rätselraten in der Nachbarschaft, nachdem wir unser Haus bezogen hatten. Was ist der Kerl von Beruf, wenn er im Sommer Tag um Tag im Garten sitzt und liest oder schreibt? Lehrer! Der Herr Lehrer saß aber auch nach den Sommerferien noch im Garten. Verdächtig! Der Herr Lehrer ist aber kein Lehrer, sondern einer der seltenen Aussteiger, die beruflich nichts mehr tun. Tuschel – tuschel – Sozialhilfe – Lottokönig – Großerbe – Börsenhai – in den Gerüchten durchlief ich eine ungewöhnliche Karriere.

Noch so eine Geduldsprobe über fünf Monate war die Abschrift eines 300-seitigen Tagebuchs von Ursulas Großvater in den Computer. Opa hatte mir die Sache nicht einfach gemacht. Anstatt schön leserlich mit der Schreibmaschine hatte er wie die Advokaten von anno dazumal von Hand notiert, und dann auch noch in Sütterlinschrift. In der Realschule lernte ich vor einem halben Jahrhundert mit zehn Fingern zu schreiben, kann es heute noch halbwegs, sonst hätte das Tippen noch länger gedauert.

Die berufliche Laufbahn früh beendet, bin ich doch andererseits ein Spätzünder, heiratete erst mit 28, mit 34 kauften wir das erste Motorfahrzeug, einen gebrauchten Käfer, mit 40 lernte ich das Gitarrenspiel und die Noten, schrieb mit 40 auch die erste Kurzgeschichte. Dieses Buch jedoch, erst fünf Jahre nach meiner Wanderung gedruckt, ist kein Spätzünder-Produkt sondern einem Beispiel zu verdanken, das mir erst 2007 in die Hände fiel wie im Vorwort beschrieben.
Trotz Schönwetter-Periode in den Alpen zieht´s mich nun heim. Bei manchem Schritt wird mir mit Erleichterung bewusst, dass ich dem Ziel meiner Wanderung, Belluno, wieder diesen Schritt näher komme. Wandern ist schön, aber vier Wochen sind genug! Dabei habe ich bei der Vorbereitung voll Optimismus und Begeisterung die Rosine im Kopf gehabt, bei glücklichem Ausgang dieselbe Strecke noch einmal zurück zu laufen. Verschämt muss ich nun klein beigeben.
In Vorfreude auf die vertraute Heimat ein Zeitplan: *Morgen, 14. Juli, zur Bianchet-Hütte, am 15. nach Belluno, am 16. Aufenthalt in Belluno, wenn das Wetter so bleiben sollte, am 17. Heimfahrt.*
Weil ich nun schon mal mit dem Taschenbuch zugange bin, zähle ich auch meine Wanderstrecken zusammen: 316 Kilometer. Die erklommenen Höhen ergeben addiert ungefähr 16 Kilometer.
Notiz im Tagebuch zum Abendessen in der Pramperet-Hütte: *Minestrone, Gulasch und Kartoffeln, Dosenbier, Schokocreme.*
Die Nacht hätte man auch im Freien verbringen können, denn wir drei lassen die Tür des Hühnerstalls weit offen. Vor der Tür im Gras unsere Wanderschuhe, weil drinnen kaum mehr Platz ist. Ein Vorteil dagegen, dass ich nachts zum Austreten wortwörtlich nur aus der Tür treten und keine langen Wege machen muss.
Mein Tagebuch zum nächsten Morgen: *Reichliches Frühstück, genügend Kaffee aus einer großen Pumpkanne. 55 Euro bar bezahlt. Im Nebel ist meine Wäsche auf der Leine wieder nicht getrocknet, wieder muss sie an den Rucksack.*
Der Nebel wabert noch durchs Gebirge, als ich mich auf den Weg mache, über Latschenhänge hoch zu einem Grat, es müsste nach der Karte im Buch die Portela del Piazedel sein. Keine Weg-markierung ist zu finden. Habe ich sie im Nebel übersehen? Es sind

aber zumindest die Schattenrisse von Gitta und Mathias auszumachen, mir etwas voraus, die in einer kurzen Pause oben am Grat stehen und dann nach links hochsteigen. Also steige ich auch nach links und treffe bald wieder auf das vertraute Rot-Weiß. Es ärgert mich nun aber, dass mir nicht eingefallen ist, an der zweifelhaften Stelle als Markierung für die folgenden Wanderer eine Steinpyramide aufzubauen.

Als das Paar die nächste Pause macht, treffen wir uns und gehen ein Stück gemeinsam. Endlich können wir ausgiebig miteinander reden, nachdem wir uns schon einige Male gesehen haben. Eine Herde Gämsen klettert am Schotterhang. Mathias entdeckt dicht am Weg das bescheidene Edelweiß in einer Felsspalte und zeigt mir Orchideen, zu erkennen, wie er mir erklärt, an dunkelbraunen Flecken auf den Lanzenblättern.

Unsere aufmerksamen Beobachter sind wieder Murmeltiere, auf ihrem Wachposten sitzend. Erschreckend schrill pfeifen sie: "Vorsicht, alles in Deckung, Hannewackel mit Verstärkung!"

Gegen Mittag, es ist immer noch trüb, kommen wir über steile Wiesenhänge in Serpentinen abwärts zum Rifugio Pian de Fontana, dann durch einen Buchenwald hinunter in ein Tal und wieder steil aufwärts zur Forcella de la Varetta, dem Varetta-Joch. Weiter geht es an einer begrünten Bergflanke längs auf teilweise sehr schmalem Pfad bis zu einer Gabelung, wo man sich entscheiden muss zwischen der Übersteigung der Schiara, wobei laut Taschenbuch Klettergurt und Helm notwendig sind, und dem Abstieg zur Bianchet-Hütte. Die Schiara will ich mir nicht antun, auch Gitta und Mathias nicht. "Der Mensch ist von Natur aus faul", sagte mein Realschullehrer. Wir wüssten auch nicht, wo Gurte und Helme zu bekommen wären.

Wir umgehen die schwierige Route, indem wir durch den Wald hinab zum Rifugio Bianchet steigen, ein ansehnliches, schön gelegenes Haus, Eigentum der Forstbehörde, das von einer Forststudentin und ihrem Bruder geleitet wird. Sehr umweltfreundlich gibt es hier keine Dosengetränke, keine Butter- und Marmeladen-Winzigpackungen. Für mich muss es wieder mal ein kleines, aber schönes Zimmer sein mit Doppelstock-Bett. Gitta und Mathias ziehen ins Matratzenlager, bleiben dort aber allein. Da hätte ich mich

auch anschließen und einige Euro sparen können. Über Funk habe ich keinen Empfang, rufe Ursula über das Haustelefon an und melde meine wahrscheinliche Rückkehr zum 17. Juli. Ursula freut sich. Beruhigend auch zu erfahren, dass mein Päckchen aus Niedervintl angekommen ist.
Zum Duschen müssen wir ums Haus in einen Verschlag, das Wasser ist aber warm.
Anna Bortoletto, die Studentin, macht Feuer im Kamin und entzündet Kerzen auf unserem Tisch, eine Gemütlichkeit, die wir dem defekten Stromgenerator zu verdanken haben. Abendessen für fünf Gäste: Minestrone, Bratkartoffeln mit Spiegelei und Schinken, Kuchen zum Nachtisch.
Lange lässt das Sandmännchen auf sich warten, warum nur? Liegt es daran, dass es meine letzte Nacht im Gebirge ist? Liegt es am Spuk und an rätselhaften Geistern in dieser Hütte, von denen Ludwig Grassler, Pionier dieses Wegs von München nach Venedig, in seinem Buch zu erzählen weiß?
Nach dem Frühstück marschiere ich schon kurz nach acht das Vescova-Tal hinunter zur Bushaltestelle an der Straße von Agordo nach Belluno. Gitta und Mathias sind später gestartet, holen mich aber in der Schlucht ein und wir gehen zusammen. Nach der Busfahrt nach Belluno trennen wir uns. Die Beiden müssen zu ihrem Auto zurück. Ich will hier eine Bleibe suchen, noch einen Tag in der Stadt bummeln und dann heimfahren.
Ich bin am Ziel! Nach vier Wochen Tippeln endlich am Ziel! Ich könnte überglücklich sein, trotzdem fühle ich mich von einem Moment zum anderen verloren im hektischen Gewusel der Stadt. Gitta und Mathias fehlen mir. Bisher war mir immer gewiss, dort wo ich ging und stand mich zur Nachtruhe legen zu können. Hier ist es nicht möglich. Ich kann doch nicht auf einer Parkbank schlafen! Ein Druck lastet auf mir, ein zivilisiertes Quartier finden zu müssen. Am Busbahnhof ist kein Touristenbüro, das helfen könnte. Unsicher laufe ich einfach los durch die Straßen, sehe pompöse Hotels, in die kein bescheidener Rucksack-Wanderer hineinpasst. Aber ich kann mich doch nicht die ganze Nacht in der Stadt herumtreiben! Schließlich lande ich in einer Kneipe und frage den Kellner nach einer Unterkunft. Der mustert meinen Rucksack, meine ver-

schwitzten Kleider, die staubigen Schuhe und erklärt auf Italienisch, was ich aber sinngemäß verstehe, dass er mich nicht in ein Hotel sondern in ein Bed & Breakfast-Haus schicken will, Via Paoletti 7. Tausend Dank diesem Menschen, er malt sogar eine Straßenskizze auf einen Zettel.
Ich muss nur noch einmal fragen, es geht nämlich an einem Zaun vorbei zu einem Hintergebäude. Vorweg zu sagen: Es war ein angenehmer, aber preiswerter Aufenthalt. Die Frau des Hauses spricht relativ gut deutsch, ist gar tief in die Gefilde der deutschen Grammatik eingedrungen und fragt mich, weshalb es einmal "geworden" und dann wieder "worden" heißt. Zum Beispiel "Ich bin alt geworden" und "Ich bin gelobt worden". Eine Antwort finde ich erst daheim im Duden, nämlich dass es als Vollverb, also ohne ein weiteres Verb, "geworden" heißt, als Hilfsverb aber, mit einem zweiten Verb, in diesem Fall "loben", heißt es "worden".
Sie rät mir ab, von hier mit dem Zug heimzufahren, weil er ab Belluno einen weiten Umweg macht. Ich könnte morgens um sieben mit dem Bus nach Bozen und erst von dort mit der Bahn weiter.
Derart dicht an der Realität meiner ersehnten Heimfahrt will ich nun doch nur eine Nacht hier bleiben und morgen nach Hause fahren. Es bleibt mir immerhin ein Nachmittag zum Bummel ohne Rucksack durch den Ort.
Rechtzeitig überlegt, hätte ich mit Gitta und Mathias heimfahren können und erst in Heilbronn in den Zug steigen müssen. Die Idee kommt mir zu spät.
Genau genommen habe ich die Alpen nicht ganz überquert. Es fehlen noch die südlichen Venezianer Alpen. Anschließend hätte man vermutlich auch von Sottocroda oder Tarzo mit dem Bus nach Bozen fahren können. Belluno war mein Ziel, weil ich dort einen Bahnhof wusste, und nach vier Wochen Quälerei wird man großzügig.
Es gibt Ehrgeizige, die nicht nur vom Münchener Marienplatz bis Punta Sabbioni, dem Anleger zum Übersetzen zum Markusplatz, jeden Meter abklappern, sondern auch auf Seilbahnen verzichten. Schande über mich, dass ich dreimal im Auto mitgefahren bin! So ernst nehme ich die Sache eben nicht.

Auch an die Etappen und Quartiere des Wanderführers habe ich mich nicht gehalten. Erstens weil mich diese Vorgaben und Reservierungen der Hüttenplätze zu sehr eingeengt hätten, zweitens hätte ich jederzeit im Freien oder in Scheunen schlafen können.
Ich beziehe mein großes und helles Zimmer, dusche am Ende des Flurs und setze mich erst einmal in den Garten, schreibe Tagebuch bei einer Flasche Bier, die ich mir aus dem Kühlschrank unter dem Treppenaufgang holen darf.
Dann hänge ich die Fototasche um und mache mich auf in die Altstadt, fotografiere schmale Gassen und weite, bunte Parks, lasse beim nächsten Uhrmacher endlich eine Batterie in die Armbanduhr setzen.
In der Gaststätte, die mir die teure Hotelnacht erspart hat, verputze ich abends ein Geflügelschnitzel mit Pommes frites. Es ist nicht das Gesündeste, aber es ist eine große Schüssel Salat dabei.
Die letzte Nacht in der Fremde ist erholsam. Ich hoffe doch, morgen innerhalb eines Tages nach Hause zu kommen. Das letzte Mal missbrauche ich meine Waschmaschine als Nachtgeschirr, obwohl der Weg zur Toilette über den Flur nicht weit ist. Aber die anderen schlummernden Gäste sollen nicht gestört werden.
Wir sehen uns erst am nächsten Morgen bei einem üppigen Frühstück mit allem, was man sich denken kann, unter anderem verschiedene Säfte und Kuchen als Nachtisch. Eine Zugabe ist noch mit Empfehlung an Ursula ein Fläschchen selbst produzierten Kräuterlikörs. Ich weiß nicht mehr, wie viel genau ich der Frau Pian gezahlt habe, es waren etwa 20 Euro, im Vergleich zu einem Hotel unglaublich wenig.
Auch die Gesamtkosten der Tour, später zu 1.600 Euro errechnet, sind doch gemessen am Erlebnis unbedeutend.
Um halb sechs habe ich schon munter den Rucksack gepackt, um sieben klettere ich in den Bus nach Bozen. Für mäßige acht Euro, soweit noch in Erinnerung, schaukelt er mich durch die Bergdörfer. Wie flott an meinem Fenster die Alpenlandschaft vorbei fliegt, bisher in schneckenhaftem Wandertempo erkämpft!
Mir wird bewusst, wie ich die Landschaft durch diese Mühe verinnerlicht, mit allen Sinnen dauerhaft in mich aufgenommen habe. Der Blick auf die schneegeschmückten Gipfel, Felstürme, Alm-

hütten, der Duft der Wälder und Blumenwiesen, das Prasseln des Hagelschauers, das Krachen des Gewitterdonners ist nach beschwerlicher Wallfahrt unvergänglich in meiner Erinnerung verankert.
Verankert wie die kuriose Nacht, die ich später mit zwei jungen Wanderinnen durchmachte.
Ein ehemaliger Schulfreund hatte mir dringend davon abgeraten, mit "kleinen Mädchen" durch die Alpen zu wandern. Wie ich ihn kenne, hätte er allzu gern meine Rolle übernommen, denn es sind doch schon ansehnliche junge Damen, Theresia, 18 Jahre junger Lehrling, und Christina, 16 Jahre, soeben mit der Realschule fertig, 2007 zu Obernburgs "Apfelblütenkönigin" gewählt. Sie hatten meine Diavorträge über die Alpenquerung mit Gitarren untermalt und waren von den Bildern so angetan, dass sie meine Tour in ungefähr zehn Tagen zumindest teilweise wiederholen wollten. Ich war etwas stolz, dass die Zwei sich mir anvertrauen wollten, stand ich doch kurz vor der Altersrente.
Ihr Wunsch, die Hütten zu meiden und nur im Freien zu schlafen, kam meiner Vorstellung sehr entgegen. Wir waren in Lenggries losgewandert, zum Brauneck hoch. An der Latschenkopf-Hütte erlaubten uns die Bewohner von der Bergwacht die erste Übernachtung, die Mädchen in einem winzigen Zwei-Mann-Zelt, ich unter meinem aufgespannten Poncho. Aber schon in der zweiten Nacht waren wir wegen des Dauerregens gezwungen, eine Ausnahme zu machen und in der Tutzinger Hütte ein Zimmer zu nehmen. Es wäre kaum möglich gewesen, im Regen in einer nassen Wiese das Minizelt aufzubauen. Wohin mit den Rucksäcken und nassen Kleidern?
Am folgenden Tag werden wir zunächst vom Regen verschont, einige Momente kommt sogar die Sonne heraus. Nur am Wasserfall der Laine erwischt uns ein Schauer. An der Gabelung nach Jachenau wandern wir nach rechts, um nach dem Waldstück dem Forstweg gegenüber eine Scheune zu erreichen, die ich vor einem Jahr als Quartier geeignet beurteilt hatte.
Das Tor ist zum Glück noch immer nicht verschlossen, das Blechdach dicht. Der Erdboden ist zwar trocken, besteht aber mehr aus verrotteter Krume und Holz als aus festem Sand, mit

Holzstücken und alten Brettern übersät. Seitlich liegen Dachbleche kreuz und quer, mittendrin steht ein Ladewagen. Ich zweifele deshalb zunächst, ob die Damen dieses Schlafgemach gutheißen. Theresia ist sofort damit einverstanden, Christina jedoch sitzt draußen auf der Bank und sieht nicht glücklich aus. Fürchtet sie die Spinnen, die vielleicht im Dunkeln über ihr Gesicht huschen? Nein, ihr ist die Zeit zu schade. Bis zur Dämmerung, über fünf Stunden, kämen wir nicht weiter. Zwei Stimmen gegen eine: Wir bleiben, zumal es immer noch trüb und regnerisch ist. Als Zeitvertreib haben die Beiden aber eine gute Lösung: nach Jachenau laufen, von hier eine halbe Stunde, damit sie telefonieren können und ich im Gasthof Zur Post das berühmte, 40 cm lange Postschnitzel und mein Bier genießen kann. Wir stecken nur das Bargeld und die Scheckkarte ein, die Zwei natürlich auch ihre Funktelefone, lassen Wanderstöcke und Rucksäcke mit der ganzen Ausrüstung, auch den Kameras, in der Scheune zurück und machen uns auf den Weg, wie gewohnt im Regen. Die Telefonzelle dient den Mädchen nur als Regenschutz, sie rufen daheim über Funk an. Das erste Mal seit der Abreise kann ich mit Christinas Gerät mit Ursula reden, die erleichtert ist, dass wir einen trockenen Schlafplatz haben. Hätte sie gewusst, was uns bevor steht ... !
Nach dem Essen hopp-hopp zurück zur Scheune, wie gehabt im Regen. Die Ausrüstung ist noch da. Ein mulmiges Gefühl hatte ich doch, alles unverschlossen zurück zu lassen. Ich spanne eine Leine über die Scheunenecke, damit wir einiges zum Trocknen aufhängen können, räume Holzbrocken und Bretter zur Seite. Wir richten unsere Schlafplätze auf dem Erdboden. Auch den Ladewagen sehe ich mir noch bei Tageslicht als Alternative an, mein Glück, wie sich später herausstellt. Die Ladefläche hat allerdings zum Transport des Heus Querrippen, deshalb ist sie als Schlafplatz für die Mädchen mit ihren Isomatten ungeeignet. Meine Luftmatratze dürfte diese Rippen ausgleichen. Ich bleibe aber unten.
Wolkenbruchartiger Regen rauscht ununterbrochen aufs Dach. Wir denken uns zunächst nichts dabei und schlafen gut.
Gegen Mitternacht weckt mich Christinas Aufschrei: “Mein Schlafsack ist nass!” Kann nicht so schlimm sein, denke ich. Durch das Dach können nur einzelne Tropfen fallen. Instinktiv hebe ich

mit den Füßen mein Schlafsack-Unterteil an: so nass, dass ich im Dunkeln das Wasser heraus rinnen höre. Im Nu bin ich hellwach, greife links neben der Luftmatratze auf den Boden. Boden? Kein Boden – Wasser! Ich greife rechts: Wasser. Christina knipst die Taschenlampe an: Der ganze Scheunenboden ist ein See. Holzspäne und Bretter schwimmen herum. Und es regnet immer noch in Strömen.
Uns wird klar, das Wasser kommt nicht durchs Dach, sondern unter den Wänden und zum Tor herein. Die Scheune steht in einer Senke. Auch bei trockenem Wetter wie im vorigen Jahr ist die Umgebung so sumpfig, dass man, will man sie erreichen, über Grasballen balancieren muss. Der Boden nimmt kein Regenwasser auf.
Im Vergleich zu den Mädchen habe ich noch Glück. Durch meine Luftmatratze, eine Handbreit höher als ihre Isomatten, ist der Rest meines Schlafsacks trocken geblieben. Bei Theresia ist das ganze Rückenteil nass.
Was tun? Ich bewundere die Zwei, die gelassen reagieren und sogar noch Scherze machen. Sie ziehen um zur anderen Seite auf die Dachbleche etwa einen halben Meter höher, stopfen ihre Beine in den einen noch halbwegs trockenen Schlafsack, kurbeln immer wieder die Dynamolampe, dass auch ich mich orientieren kann.
Damit nicht genug! Der Schock ist anscheinend wie so oft auf meinen Darm geschlagen. In Unterhose und barfuß im kalten See stehend, deute ich vorsichtig den Damen an, dass ich etwas Unappetitliches erledigen muss. Christina provozierend: "Setz dich ins Eck!" Das ist wohl nicht so ernst gemeint. Ich hole die Papierrolle aus dem Rucksack – noch trocken, überwinde mich und wate durch das kalte Wasser zum Tor hinaus. Keine leichte Aufgabe, denn am Tor steht das Wasser einen halben Meter hoch. Im Schlamm ausgerutscht, wäre nicht nur unsere einzige Papierrolle, sondern der ganze Kerl einschließlich Unterwäsche nass und dreckig. Ich setze mich "halber" auf die Bank, die auch schon schwankt und kurz davor steht, weiter in den See hinaus zu schwimmen, und besorge das Geschäft. Auch hier steht das Wasser eine Handspanne hoch, aber, welch ein Glück, der lange Dachüberstand hält mich zumindest von oben trocken.
Zurück gewatet raffe ich in der Scheune vorsichtig meinen Schlaf-

sack zusammen, damit kein Zipfel ins Wasser fällt, werfe ihn auf den Ladewagen, Luftmatratze und Seegrasmatte hinterher. Wie komme ich aber selbst hinein? Die Wagenwand ist mannshoch. Die Mädchen kurbeln und leuchten, dass ich schließlich an der Mechanik und über die Blechverkleidung hochsteigen und mich über die Bordwand schwingen kann.

Im Dunkeln mein Nest zu bauen ist nicht einfach, zumal immer wieder die Halteseile des Ladewagens vor meiner Nase baumeln und ich mich darin verheddere. Den Rest der Nacht liegt der Schlafsack auf der falschen Seite, die Kapuze oben. Ich schaffe es nicht, ihn umzudrehen. Etwas Weißes hängt in der Wagenwand, Theresias Handtuch, das ich als Kapuzenersatz auf das Kopfteil der Luftmatratze lege. Endlich liege ich wieder mit nassen und schmutzigen Füßen im Schlafsack, aber warum kann ich ihn nicht schließen? Es ist zum Verzweifeln, die Widrigkeiten nehmen überhand, es fehlt nicht mehr viel und ich werde wahnsinnig.

Nach viel Fummelei fühle ich, dass eine Zahnreihe des Reissverschlusses ganz unten aus dem Schließer gerutscht ist. Und, siehe oben, ich schaffe es auch hier für den Rest der Nacht nicht, ihn wieder einzufädeln. Der Schlafsack muss offen bleiben. Was kommt als Nächstes? Dass das Dach einstürzt? Inzwischen ist mir alles wurscht. Trotzdem werden meine durch das Waten kalten Füße allmählich warm. Der Schlafsack ist relativ lang, ich kann sie so weit anziehen, dass sie im trockenen Teil bleiben. Kaum zu glauben, aber ich schlafe später noch einmal ein.

Was machen die Zwei? Durch die Lattenwand des Ladewagens sehe ich, dass sie zusammengepfercht in einem Schlafsack auf den Blechen sitzend immer wieder an der Dynamolampe drehen und Tagebuch schreiben, sogar einen Grundriss dieser Scheune zeichnen. Was sollen sie sonst machen, wenn sie in dieser Lage nicht schlafen können? Ich schlage vor, dass auch sie in den Wagen steigen, dessen Ladefläche in etwa einen Meter Höhe liegt, aber sie lehnen ab und wie sie nun meinen, brächte es auch nicht viel.

Sie schrecken wieder hoch. Das Wasser ist weiter gestiegen und sie müssen noch höher rutschen. Ich muss sie bewundern, sie jammern nicht, sie klagen nicht, sie machen mir keine Vorwürfe. Im Gegenteil, sie haben den Humor nicht verloren, lachen und kichern aus-

gelassen bei der Vorstellung, ich wäre auf meiner Luftmatratze schlafend weißgott wohin geschwommen wie weiland der kleine Moses im Schilfkörbchen.
Ab und zu hört man nur noch den Regen aufs Dach prasseln, vermutlich überwältigt sie ein Halbschlaf.
Nach dem Bier im Gasthaus drückt nun auch meine Blase. Soll ich riskieren, barfuß im Dunkeln über die Staketenwand zu steigen, mich an der Mechanik herunter zu tasten und zu hangeln, durch die kalte und schmutzige Brühe zu waten, um draußen hinein zu pinkeln, wo ohnehin alles eine Plempe ist? In dieser frustrierenden Lage spare ich mir den Aufwand, ziehe mich an der Wagenwand aus dem Schlafsack hoch, lehne mich an die Wand und lass es durch die Latten laufen.
Auch ich schreibe Tagebuchnotizen, und weil die Mädchen sie gern lesen, erfahren sie von meiner Toilettenpraxis auf dem Ladewagen. Schlimm! Besonders deshalb, weil auf der betreffenden Seite des Wagens Christinas Isomatte auf dem Kotflügel lag und nicht auszuschließen ist, dass sie etwas abbekommen hat. Im Dunkeln war sie nicht zu sehen. Noch schlimmer! Ich versuchte Christina zu beruhigen mit dem Einwand, dass die Matte doch schon vorher nass war. Schlimmer als schlimm!
Ich habe ihr die Matte daheim abgekauft. Wo sie doch schon meine Duftmarke trägt!
Meine Armbanduhr klickt um zum 16. August, mein Vater wird heute 91. Unter diesen fatalen Umständen fällt es mir erst später im Laufe des Tages ein.
Im Morgengrauen gegen sechs packen die Zwei ihre nassen als auch halbtrockenen Sachen und waten ins Freie. Fast überflüssig zu erwähnen, dass es immer noch in Strömen gießt. Ich habe ihnen geraten, zunächst in der Scheune zu bleiben, aber sie sind eisenhart und wollen weiter. Ich fühle mich in meinem wenn auch offenen Schlafsack relativ wohl und bleibe auf dem Wagen so lang wie möglich. Theresia, die als erste die Scheune verlässt, steht draußen im Regen bis zu den Knien im Wasser, Rucksack auf dem Rücken, Socken und Schuhe in der Hand, und will sich ausschütten vor Lachen. Was gibt es in dieser Verzweiflung noch Erheiterndes? Mein Verdauungsprodukt der vergangenen Nacht schwimmt ein-

schließlich Papier noch an derselben Stelle in der Brühe.
Als einmal der Regen etwas nachlässt, können sie mich zum Aufstehen und Packen überreden. Noch nicht herunter vom Wagen, schauert es aber wieder in gewohnter Stärke. Ich untersuche meine Utensilien, die zwar verdreckt sind, aber nicht mit Wagenschmiere wie in der Nacht befürchtet. Und kein Nagel oder anderes scharfes Maschinenteil hat ein Leck in die Luftmatratze gestochen.
Auch ich stake, Rucksack auf dem Buckel, Schuhe und Socken in der Hand, Hosenbeine weit nach oben, durch den See ins Freie auf den Forstweg, stelle den Rucksack in den Regen, ziehe die feuchten Socken über die nassen Füße und darüber die klammen Wanderschuhe, um den Mädchen zu folgen, die drüben im Wald auf mich warten. Rucksack hoch gewuchtet und ... . "Die Stöcke!" Es ist zum Mäuse melken, ehe ich loslaufe, rufen die Zwei mir zu, dass die noch in der Scheune stehen! Kommando zurück, Schuhe aus, Socken aus, Rucksack in den Regen gestellt, durch den Sumpf gewatet und die Stöcke geholt. Da schallt es wieder herüber: "Das Tor!" Mein Gott, die nehmen es aber genau! Ich tue ihnen aber den Gefallen und schwenke das Tor zu. Es geht nur langsam, weil ich dabei große Wassermassen bewegen muss. Auf dem Forstweg Socken an, Schuhe an, was alles nicht gerade trockener geworden ist. Christina zerrt den Poncho aus meinem Rucksack und zieht ihn hinten hinüber, nachdem ich ihn über mich geworfen habe.
Ich habe nun schon viel Aufregendes erlebt auf meinen Reisen. Diese Nacht aber in der Sintflut-Scheune übertrifft alles und war bei weitem die abenteuerlichste.
Eine utopische Vorstellung: Trocken und warm am Frühstückstisch sitzen mit heißem Kaffee, knusprigen Brötchen, Butter, Wurst, Käse. Wir haben noch nicht einmal in einen Müsliriegel gebissen.
Im Dauerregen steigen wir noch bis zum Riss-Sattel und die steilen Serpentinen nach Vorderriss hinunter, die Schuhe voller Wasser, die ganze Kleidung nass. Hier unten an der Bushaltestelle ist der Gedanke, in einigen Stunden daheim warm und trocken im gewohnten Bett zu liegen, zu verführerisch. Wir geben auf! Erst nach Mitternacht kommen wir heim.
Nur vier Tage waren wir unterwegs, zehn waren geplant. Hätten wir aber in zehn Tagen schönen Wetters derart Absonderliches und

Abenteuerliches erlebt?
Die “kleinen Mädchen” haben sich tapfer geschlagen. Eine solche Zähigkeit, so einen Durchhaltewillen und dazu noch die Gabe, in dieser Lage den Humor nicht zu verlieren, muss ich bewundern.
Ich stecke immer noch tief in den Alpen. Hunderte Kilometer trennen mich noch von daheim. Und wieder mal trifft mich das Pech. Der Bus hat in Bozen gerade so viel Verspätung, dass mir der Zug nach München um 10.36 Uhr entwischt. Ich hole die Fahrkarte nach Aschaffenburg am Schalter für 90,80 Euro und setze mich bis zur nächsten Abfahrt um 12.31 in den nahen Park. In dieser Zeit hätte man den Rucksack in ein Schließfach geben und bei immer noch sonnigem Wetter durch Bozen bummeln können, aber dazu fehlt mir der Nerv. Ich will heim, nichts als heim und vertreibe die Zeit, indem ich die Leute im Park beobachte und hin und wieder eine Zigarette rauche.
In München Umsteigen in den ICE nach Hannover 16.34 Uhr. Ich kann es kaum glauben, nach vier Wochen plus einem Tag bin ich auf dem Weg nach Hause, und wie es aussieht, könnte ich heute noch ankommen.
In Frankfurt steige ich aus und telefoniere über Funk mit Ursula, habe aber nur wenige Minuten Zeit bis zur Abfahrt des ICE nach Regensburg. Außerdem verstehen wir uns kaum durch den Lärm auf dem Bahnsteig, ich kann ihr nur kurz ins Mikrofon rufen, dass ich laut Fahrplan Viertel vor neun in Aschaffenburg auf dem Bahnhofs-Vorplatz stehen werde. Es gibt noch etwas Aufregung zum Schluss, denn erstens vergesse ich zu sagen, dass ich nicht wie damals über Nürnberg und Würzburg komme, zum zweiten erwähne ich nicht die Verspätung.
Ursula ist rechtzeitig da, sucht aber vergeblich im Fahrplan nach einem Zug aus Würzburg mit der angegebenen Uhrzeit. Zu meinem Glück lässt sie sich nicht beirren, fährt nicht gleich zurück nach Obernburg, sondern mangels Parkplatz noch eine oder zwei Runden um das Bahnhofsviertel, bis sie mich auf dem Vorplatz entdeckt. Ich wollte mir gerade die letzte Zigarette meiner Tour anzünden.
Mit einem Moment auf den anderen ist alles vorbei – Vergangenheit und Erinnerung, die Märsche, die Alpengipfel, die Nächte in verfal-

lenen Hütten, in Gasthöfen.
Was hat es mir gebracht? War es eine Reise zu mir selbst? Es war gewiss eine Reise an Grenzen, Grenzen der Körperkraft, des Ehrgeizes, der Erkenntnis, “Ich weiß, dass ich nichts weiß”, zur Erkenntnis der eigenen geringstmöglichen Bedeutung. Man lernt, sie immer weiter zurück zu schrauben, demütig zu werden. Lasst mich allem philosophischem Kram etwas Entscheidendes hinzufügen: habe Respekt vor der Natur, freue dich des Zusammenseins mit lieben Menschen, freue dich des Sonnenaufgangs, freue dich des Vogelgesangs, aber glaube nicht, du könntest eine bedeutende Spur hinterlassen. Um diese Erkenntnis zu erringen, zu ertragen und anzunehmen, packe dein Ränzel und mach dich auf den Weg!
Ursula strahlt. “Gratuliere, du hast es geschafft. Aber du bist dünn geworden!” Ich sehe ungläubig an mir hinunter. Tatsächlich, der Ansatz eines Bierbauchs ist verschwunden. In Obernburg steige ich nach dem Duschen auf die Waage: 86 Kilogramm, neun Kilo weniger.
Das Potential nach oben muss doch gleich wieder genutzt werden. Es gibt Hackbrätchen nach Ursulas Art, Salzkartoffeln, Bier natürlich, und Vanilleeis mit heißen Himbeeren.

Nachwort

Am 23.8.2003 erschien ein Artikel mit Farbfotos über meine Tour im "Main-Echo", beim "Senioren Ratgeber" in der Juli-Nummer 2004.
2004 fuhr ich mit Ursula vom 21.6. bis 10.7. mit unserem VW-Bus in die Alpen, um ihr einen kleinen Teil meiner Alleintour zu zeigen und zu wandern: Brauneck, Jachenau, Hinterriss, Hall, Stein, Obervintl, Würzjoch. Das Würzjoch war der südlichste Punkt, hier fuhren wir wegen schlechten Wetters wieder heim, hier erlebten wir aber auch die kurioseste Nacht. Selten habe ich mich im Bus in meinem warmen Bett so wohl gefühlt bei Gewitterschauern und Windböen. Blitze erhellten unser "Schlafzimmer" durch die Vorhänge, Regen prasselte aufs Dach, der Bus schaukelte. Ursula dagegen musste ich beruhigen und ihr versichern, dass der Bus nicht umfällt.
Im gleichen Jahr wurde in einer Zeitungsnotiz nach Teilnehmern der Fernseh-Sendereihe "Windstärke 8" gesucht. Ein Segelschiff sollte mit der Technik der Auswanderer um 1855 über den Atlantik nach New York schippern. Auch hier bewarb ich mich per E-Mail wie bei der Grönland-Tour mit Vermerk meiner Segelerfahrung und der Bereitschaft, meinen Komfortanspruch zurückzuschrauben. Bei 5000 Meldungen bekam ich aber vermutlich wegen meines Alters keine Antwort.
Den Text der Alpenquerung schrieb ich vom 24.3. bis 4.5.2007 in den Computer, von späteren Korrekturen, Ergänzungen, Strichzeichnungen und Aquarellen abgesehen. Bis es zum Buch kam, habe ich ungefähr 50 Broschüren im Briefbogen-Format kopiert und an Bekannte verteilt.

Literatur zur Alpenquerung

"Von München nach Venedig" von Ralf und Mareike Lamsbach, Dumont Verlag, ISBN 3-7701-5815-6, 12 Euro.

"Zu Fuß über die Alpen" von Ludwig Graßler, Bruckmann Verlag, ISBN 3-7654-3757-3, Bildband 29x29 cm, 144 Seiten, 39,90 Euro.

"Traumpfad München-Venedig" von Eva-Maria Troidl, Stefan Lenz und Ludwig Graßler, Bruckmann Verlag, ISBN 3-7654-3994-0, 11,90 Euro.

"Zu Fuß von München nach Venedig" von Burkhard Wittek, Wiesenburg Verlag, ISBN 3-939518-23-9, 19,80 Euro.

Hinweise

Suchforum für Wanderpartner im Internet: www.fernwege.de
Forum Alpenquerung: www.muenchenvenedig.de

Treffpunkt Münchener Marienplatz jährlich am 8.8. um 8 Uhr für Wanderer, die nach Venedig oder einen Teil des Wegs gemeinsam gehen wollen.
Am 8.11. um 18 Uhr im Münchener Hofbräuhaus Erfahrungsaustausch.

Mavia Reisebüro bei Sport Schuster, Rosenstr. 3 - 5, 80331 München, Tel. 0 89/23 70 72 99, Fax 23 70 72 92, bietet Alpentouren an, auch mit Gepäcktransport.

"Vom Marienplatz zum Markusplatz", DVD-Video des Bayerischen Rundfunks, ISBN 978-3-9811393-9-6, 43 min, BR shop, www.BRshop.de, Tel. 01805/151719, 14,95 Euro.

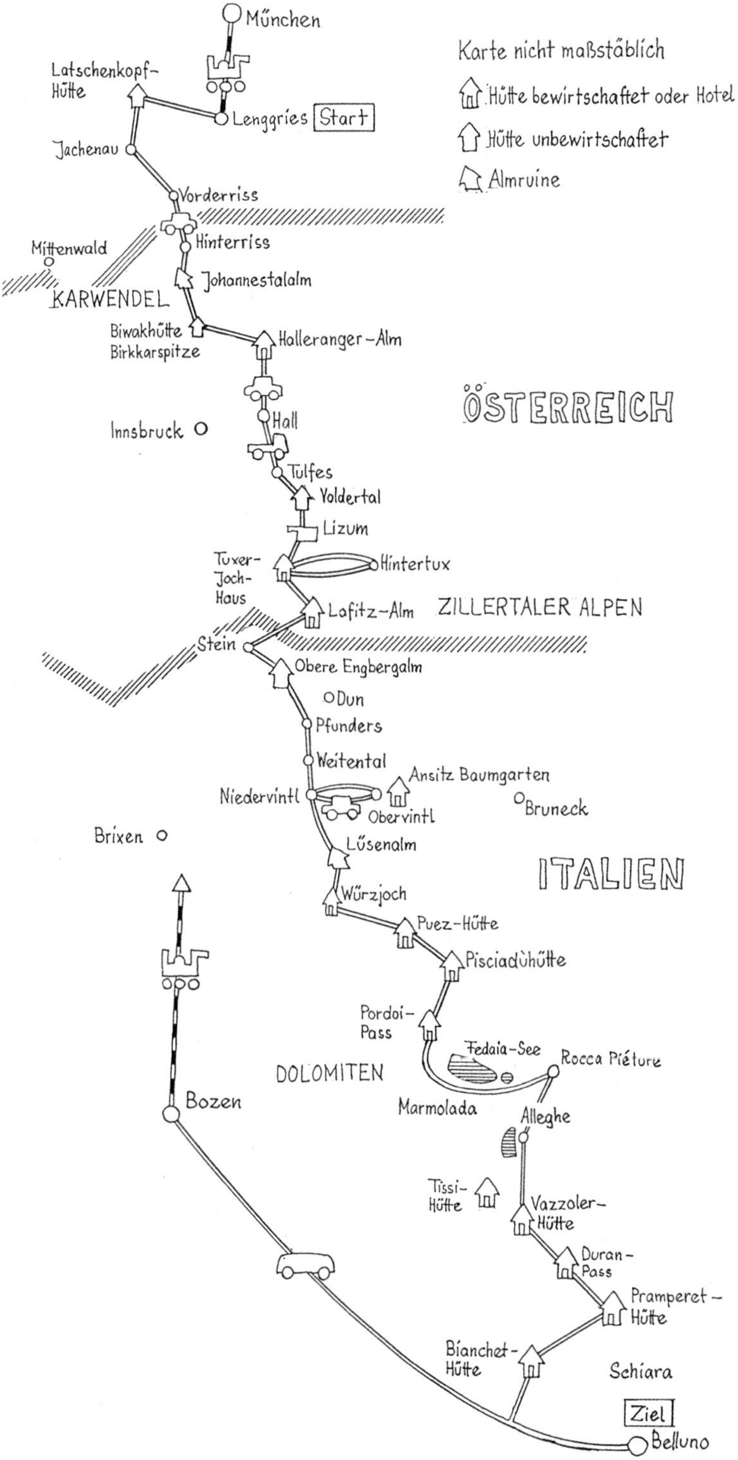
München
Karte nicht maßstäblich
Hütte bewirtschaftet oder Hotel
Hütte unbewirtschaftet
Almruine
Latschenkopf-Hütte
Lenggries
Start
Jachenau
Vorderriss
Hinterriss
Mittenwald
Johannestalalm
KARWENDEL
Biwakhütte Birkkarspitze
Halleranger-Alm
ÖSTERREICH
Innsbruck
Hall
Tulfes
Voldertal
Lizum
Tuxer-Joch-Haus
Hintertux
Lafitz-Alm
ZILLERTALER ALPEN
Stein
Obere Engbergalm
Dun
Pfunders
Weitental
Ansitz Baumgarten
Niedervintl
Obervintl
Bruneck
Brixen
Lüsenalm
ITALIEN
Würzjoch
Puez-Hütte
Pisciadùhütte
Pordoi-Pass
Fedaia-See
Rocca Piéture
DOLOMITEN
Bozen
Marmolada
Alleghe
Tissi-Hütte
Vazzoler-Hütte
Duran-Pass
Pramperet-Hütte
Bianchet-Hütte
Schiara
Ziel
Belluno